日本史ミステリー

天皇家の謎100

監修／不二龍彦　山下晋司
編著／グループＳＫＩＴ

宝島社

まえがき

日本の天皇家は、21世紀の現在、世界でもっとも古くから続いている王家だ。同時に、現代のほかの国々の王室にはない特徴をいくつか持っている。

まず、天皇家の系図をたどると、『古事記』や『日本書紀』に記された神話に行きつく点だ。古代のエジプトやメソポタミアなど世界各地の王家は神の子孫と語られていた、それが現在に至るまで存続しているのは、極めてめずらしいといえる。

この点とも関係するが、天皇家は古代から国家の統治者というだけでなく、豊作祈願や収穫祝いなどの祭祀《さいし》を司る神官の役割も果たしてきた。このため、日本土着の宗教である神道とも関係が深く、日本の伝統文化は天皇家とともに歩んできた面が少なくない。

そして、天皇家は長い歴史を持ちながら、武士が実権を握っていた幕藩体制の時代など、政治には直接関与しなかった時期が非常に長かった。

じつは、天皇家にまつわる制度や文化も時代とともに大きく変化している。一例をあげれば、現代でも使われ続けている元号は、日本土着の制度ではなく、中国大陸の王朝の習慣を取り入れて7世紀の中ごろから使われるようになったものだ。

なかには、消えてしまった習慣もあれば、伝統と思われていたものがそれほど古くない場合もある。2016（平成28）年には、今上《きんじょう》天皇が生前退位の意向を示されたことが話題となった。しかし、古代から江戸時代まで天皇の譲位はめずらしくなく、終身在位が基本とされたのは、明治時代に皇室典範が定められて以降だ。また、女性の天皇は歴代8人いるが、皇位継承者を男性のみとしたのも明治時代以降の話である。

本書は、このように古代から多くのエピソードを持つ天皇家の秘密の数々に迫った。

第一章では天皇家と日本の古代神話に触れる。日本の神話には、現代からみれば意外でユニークな内容も多く、その考古学的な解釈や、未解明の謎の部分も奥深い。

第二章では天皇家と日本の歴史に触れる。歴代の天皇や皇族にもさまざまな運命をたどった人々が存在し、各時代の権力者との関係にも数々の物語がある。

第三章では天皇家と皇室行事と祭祀に触れる。神道の習慣や現代まで続いている宮中行事の数々は、古代からの伝統を継承しつつ、新しい要素が取り入れられてきた。

第四章では現代の天皇家の日常に触れる。天皇と皇族の忙しい公務、衣食住や家族関係などのプライベートは、果たしてどのようなものなのだろうか。

本書を通じて、日本の歴史と天皇家への理解を深めていただければ幸いである。

天皇家の謎100　目次

まえがき…2

第一章　神話時代の天皇家

001 『古事記』と『日本書紀』を書いたのは誰なのか？…12
002 『古事記』と『日本書紀』で、なぜ内容が違うの？…14
003 『古事記』と『日本書紀』には元ネタがある？…16
004 皇室の先祖・天照大神は男か女か？…18
005 天照大神の「天岩戸隠れ」は超古代の火山噴火？…20
006 スサノオのヤマタノオロチ退治はヤマト王権と古代出雲王国の戦争だった？…22
007 現存する皇室の「三種の神器」はレプリカ品？…24
008 天孫への国譲りは『古事記』と『出雲国風土記』でぜんぜん違う？…26
009 天孫降臨の地は日向国(宮崎県)ではなかった？…28
010 なぜ、神武天皇の祖母はワニだったといわれるのか？…30
011 神武天皇は本当に実在したの？…32
012 神話時代の天皇の即位年の根拠は何？…34
013 なぜ第二代の綏靖天皇から第九代の開化天皇までは情報が乏しい？…36
014 邪馬台国の卑弥呼は孝霊天皇の皇女だった？…38
015 坂本龍馬も見物した「天逆鉾」はなぜ九州の高千穂にある？…40
016 360年以上も生きたといわれる朝廷の忠臣・武内宿禰の正体は？…42

017 熊襲征伐を実行したのはヤマトタケルではなく景行天皇だった？… 44
018 朝鮮半島には神功皇后の「三韓征伐」の史跡がある？… 46
019 源平が拝んだ八幡神は応神天皇ではなかった？… 48
020 『日本書紀』には拷問大好きのバイオレンスな天皇も出てくる？… 50
021 5代も間を空けて即位した天皇がいる？… 52
022 理由は書きづらかったから？ 『古事記』で詳細不明な10人の天皇… 54
023 聖徳太子とは厩戸皇子ではなく蘇我馬子のことだった？… 56
024 実在したことが確実といえる最初の天皇は誰？… 58
コラム 歴代天皇一覧… 60

第二章 天皇家と歴史

025 王でも皇帝でもない日本だけの呼び方「天皇」という尊称はいつから使われている？… 62
026 錦の御旗にも描かれた天皇家の家紋 菊の御紋はいつから使われている？… 64
027 古代皇室は母親が違う兄弟姉妹なら近親結婚も許されていた？… 66
028 古くから大陸とも交流のあった日本 桓武天皇の母は渡来人の子孫？… 68
029 たびたび持ち上がる継承問題 皇統断絶の危機は何度もあった？… 70
030 臣下にはできなかった帝位簒奪 天皇に即位しかけた僧侶がいた？… 72
031 御落胤説は人気のバロメーター 平清盛も一休和尚も天皇の子？… 74
032 平安時代後期に始まった院政 上皇は天皇よりエラかった？… 76

033 複数の上皇がいても権力者はひとり　政権運営を担った「治天の君」って？…78
034 神道を司る天皇と仏教・儒教の関係　幕末の尊王攘夷は儒教が広まったせい？…80
035 禁中並公家諸法度で朝廷が弱体化　江戸時代は天皇より将軍のほうがエラい？…82
036 公家が使う御所言葉と最高敬語　天皇は京都弁でしゃべっていた？…84
037 外戚と群臣のパワーゲームの結果!?　飛鳥・奈良時代に女性天皇が多い理由…86
038 現在の皇室典範は戦後生まれ　旧皇室典範から消えた伝統がある？…88
039 わずか3ヵ月で改元した例もある　明治以前の元号はどうして期間が短いの？…90
040 7年間もの天皇不在期間　中大兄皇子はなぜ皇位につかなかった？…92
041 即位しなくてもできる追尊　死後に皇位を贈られた天皇がいる？…94
042 もっとも長生きだった天皇　もっとも若くして即位した天皇は？…96
043 武士の最高位である征夷大将軍　将軍になった皇族がいた？…98
044 天皇と膝を突き合わせての倒幕の密議　無礼講を始めたのは後醍醐天皇から？…100
045 罪を犯した天皇に対する最高刑　島流しにされた天皇がいたって本当？…102
046 分裂していた南北朝は北朝に合一　南朝の子孫はその後どうなった？…104
047 皇族か五摂家との縁談に限定された内親王　徳川家に嫁いだ皇女がいた？…106
048 江戸時代まで天皇の葬儀は仏教のお寺で行っていた？…108
049 牛肉を食べワインを飲んだ　明治天皇は本当は外国嫌いだった？…110
050 ただのお飾りではなかった皇族軍人　戦前には皇族も士官学校に通った？…112
コラム 一番長い治世は誰だ？　天皇の在位ランキング…114

第三章　天皇家と皇室行事と祭祀

051 山にも海にも神様がいる　古代の神社には建物がなかった？…116
052 皇室のご先祖を祀る伊勢神宮　その神官は中世まで女性だった？…118
053 アマテラスと歴代天皇を祀る　「神宮」とほかの神社はどう違う？…120
054 天皇しか入れない場所もある伊勢神宮　明治時代まで参拝した天皇はいなかった？…122
055 天皇に伝えられる秘儀行事　宮中祭祀にはどんな意味があるの？…124
056 宮中儀式で重要な御神体はじつは誰も見たことがなかった？…126
057 心身を浄化して穢れを祓う　神道の伝統行事ではなぜ禊にこだわる？…128
058 宮中祭祀でもっとも重要な儀式　新嘗祭ってどんなことをするの？…130
059 1年を通して天皇は超多忙　最初の宮中行事、最後の宮中行事は？…132
060 消えた幻の宮中行事「曲水の宴」って何？…134
061 年頭の「歌会始」には皇族以外も参加している？…136
062 各界の専門家が天皇に講義する「ご進講」のバラエティ豊かな内容とは？…138
063 宮中の雅楽担当はクラシックも演奏する？…140
064 宮内庁が保護している御料鵜飼とは？…142
065 京都御所で行われる「蹴鞠」は　日本サッカー界とも浅からぬ関係…144
066 現在も形を変えて残っている戦前までの「天長節」とは？…146
067 近代にできた建国記念の日はどうして2月11日なのか？…148
068 天皇の輿をかつぐ役職の一族は「鬼の末裔」と呼ばれていた？…150

069 古代の陵墓だけでなく菩提寺も　天皇家のお墓はどこにあるの？…152
070 昭和天皇も即位に使った京都御所　周囲には退位後の天皇の住まいも…154
071 近代にできた伝統・神前結婚式を始めたのは大正天皇だった？…156
072 皇居での田植えを始めたのは植物学者の昭和天皇だった？…158
073 天覧相撲っていつからあるの？…160
074 天皇の行幸って昔からあったの？…162
コラム 一番大きな天皇陵はどれだ？　天皇の墓の大きさランキング…164

第四章　天皇家の日常

075 意外なまでに忙しい年間スケジュール　天皇はどんな仕事をしているの？…166
076 どうして天皇家には姓がないのか？　古代にさかのぼる日本の姓のヒミツ…168
077 現在、世界で「エンペラー」と呼ばれるのは日本の天皇だけ？…170
078 次の天皇は誰がなるのか？　男系を原則とする皇位継承…172
079 皇族の範囲にはどこまで含まれるのか　天皇のひ孫なら何と呼ばれる？…174
080 同じ皇族でも生活費は別　皇太子とほかの親王の違いとは？…176
081 皇族でも税金を納める場合がある？　天皇と皇族の生活費はどうなっているのか…178
082 男子の名は「～仁」が伝統　皇族の命名にまつわる秘密…180
083 親子でも簡単には会えない？　庶民とは異なる皇族の親子関係…182
084 天皇も同窓会に出席する？　皇族の私的な交友関係…184

085 皇族の海外留学先はなぜイギリスの大学が多いのか？…186
086 学界でも無視できない活躍ぶりを発揮　皇族が生物学を研究しているのはなぜ？…188
087 いまや日本だけとなった伝統的な習慣「元号」はどのように決められている？…190
088 新天皇の即位にまつわる儀式は準備も含めて1年以上もかかる？…192
089 東京の都心に広がる皇居　その内部はどうなっているの？…194
090 晩餐会や数々のイベントに使われ天皇の執務室もある宮殿の内部…196
091 御用邸での静養の日程は自由に決められない？…198
092 皇室が主催する社交界の一大イベント「園遊会」にはどんな人が招かれるの？…200
093 意外にバランスよく質素なメニュー　宮中ではどんなものを食べている？…202
094 宮内庁の組織には皇族のため家畜を飼育する部署もある？…204
095 皇族の健康に関わる宮内庁病院はじつは一般人でも利用できる？…206
096 儀式の補佐から皇族の警護まで　皇室を支える人々の仕事とは？…208
097 特別製のゴージャスな車両？　天皇が乗る「お召し列車」の秘密…210
098 誰でも天皇を間近で見られる？　皇居の勤労奉仕ボランティア…212
099 宮内庁御用達はキャッチコピー？　皇室に品物を届ける納入と献上…214
100 一般参賀には、どうすれば参加できるのか？…216
あとがき…218

第一章

神話時代の
天皇家

MYSTERY 001

『古事記』と『日本書紀』を書いたのは誰なのか？

『古事記』と『日本書紀』は、現存している日本最古の歴史書だ。この2つを総称して「記紀」ともいう。『古事記』が完成したのは712（和銅5）年、『日本書紀』が完成したのは720（養老4）年なので、前者のほうがわずかに古い。ただ、『古事記』は厳密には国家事業として作成された歴史書ではないので、いわゆる「正史」としては、『日本書紀』が最古のものとなる。

記紀が編纂《へんさん》された経緯は、次のように伝わっている。もともと、『古事記』と『日本書紀』に先立つ歴史書として、**聖徳太子と蘇我馬子《そがのうまこ》が編纂したとされる『天皇記』と『国記』というものがあった。**しかし、645（大化元）年に起きた「乙巳《いっし》の変」で中大兄皇子《なかのおおえのおうじ》（天智天皇）が蘇我入鹿《いるか》を暗殺すると、蘇我蝦夷《えみし》は邸宅に火をかけ自害。このとき、蝦夷邸に保管されていた『天皇記』と『国記』も焼失してしまう。

その後、天智天皇の弟である天武天皇が、失われた歴史書を新たに作るため、天智天皇の皇子である川島皇子らに『帝紀』と『旧辞』を編纂させた（両書とも散逸し、現存していない）。そして、天武天皇に仕えていた稗田阿礼《ひえだのあれ》がそれを暗記。記憶力が抜群だった稗田阿礼は、そのほかの古い伝承なども覚えており、後年その稗田阿礼の記憶を基にして、元明天皇の時代に文官の太安万侶《おおのやすまろ》がまとめたのが『古事記』だということになっている。つまり、『古事記』の作者は、稗田阿礼と太安万侶ということになる。

いっぽう『日本書紀』のほうは、天武天皇の子である舎人《とねり》親王が中心となり、『帝紀』や『旧辞』のほか、断片的に残っていた歴史書や朝廷外に保管されていた歴史書、伝聞を基に編纂し、元正《げんしょう》天皇の代に完成させたものである。そのため、こちらの作者は舎人親王ということになる。

ところで、太安万侶や舎人親王の出自ははっきりしているが、**稗田阿礼の正体はよくわかっていない**。皇族や貴族に仕える「舎人」という身分だったことは記録に残されているが、それ以外は何もわかっていないのだ。『古事記』の序には、「時有舎人。姓稗田、名阿礼、年是二十八。為人聡明、度目誦口、払耳勒心。即、勅語阿礼、令誦習帝皇日継及先代旧辞」と記されている。意味は「稗田阿礼という28歳の舎人は非常に聡明で、一度見聞きしたものは忘れなかった。そこで天武天皇は、『帝紀』と『旧辞』を暗記させた」というものだ。

一般的に舎人は男性の就く役職であるため、稗田阿礼も男性というのが通説となっている。だが、阿礼（アレ）は巫女《みこ》の呼称でもあるため、**じつは稗田阿礼は女性だったのではないかという説も江戸時代から唱えられている**。また、『日本書紀』に比べて『古事記』の大胆な内容から、「乙巳の変」の中心人物で藤原氏の始祖である藤原鎌足の次男、藤原不比等の変名ではないかという説もある。

MYSTERY 002

『古事記』と『日本書紀』で、なぜ内容が違うの？

『古事記』と『日本書紀』は、ともに天武天皇の意向で編纂が始まり、ほぼ同じ時期に完成したにもかかわらず、内容、構成、スタイルなどに、かなりの違いがある。

まず、扱っている時代の範囲が違う。『古事記』が天地開闢《かいびゃく》の神話時代から第三十三代の推古天皇の時代までを扱っているのに対し、『日本書紀』は天地開闢から第四十一代の持統天皇の時代までを扱っている。その間には、半世紀以上の開きがある。

巻数は、『古事記』のほうは3巻だが、『日本書紀』は30巻＋系図1巻（系図は現存していない）。また、前者が初代・神武天皇が登場するまでの神話時代の記述に全体の3分の1を費やしているのに対し、後者は30巻中最初の2巻で神話時代の記述は終わっており、以後は主に天皇の業績の記述を中心とした話が中心となっている。そのため、**「因幡《いなば》の白兎」など有名な日本神話の多くは『古事記』にしか記載されていない。**

記述スタイルも、『古事記』が神話時代から推古天皇の時代までをひとつのストーリーとして描いているのに対し、『日本書紀』は起こった出来事を年代順に記す編年体で書かれている。

■古事記と日本書紀の違い

	古事記	日本書紀
成立	和銅５年（712）	養老４年（720）
巻数	３巻	本文 30 巻、系図１巻
執筆者	太安万侶	舎人親王ほか数人共同
執筆期間	４ヵ月	38 年
収録年代	天地開闢～推古天皇	天地開闢～持統天皇
文字	変体漢文（日本語）	漢文
目的	天皇の正統性を主張	他国に向けて日本の正統性を主張

そのため、『古事記』のほうが読みやすい。

さらに、使われている文字も違う。当時はまだ「ひらがな」や「カタカナ」がなかった時代だ。『古事記』は、日本語の音に漢字をあてはめた和化漢文（変体漢文）で書かれている。**いっぽう『日本書紀』は漢文で書かれているのだ。**

これらの違いは、『古事記』と『日本書紀』では書かれた目的が違うためだとされている。

『古事記』は国内向けに、支配者である天皇家が神の末裔《まつえい》であることを知らしめるために書かれている。それゆえ、神話時代の記述に重きが置かれており、内容も国内の話がほとんどだ。

『日本書紀』は、漢文で書かれていることからもわかるように、近隣諸国に対して日本の国家としての成立過程と、その歴史を示すものである。そのせいか、朝鮮半島との関わりなど諸外国に関する記述も多い。

MYSTERY

003

『古事記』と『日本書紀』には元ネタがある？

神々の暮らす高天原で誕生したイザナギ、イザナミの二柱の神が日本列島を創りだし、そのイザナギの子であるアマテラスの子孫が天皇となり、日本の支配者となったというのが『古事記』『日本書紀』に記されている神話のあらましだ。ようするに、日本の国土と国民の成り立ちを説明しているのである。

いわば日本人のアイデンティティともいうべき日本の神話だが、そのなかの多数の物語は、よく似たものが外国にも存在している。たとえば、アマテラスの孫のニニギが、醜いイワナガヒメと美しいコノハナノサクヤビメの姉妹を娶《めと》るが、醜いイワナガヒメと離縁するという神話がある。コノハナノサクヤビメは繁栄を、イワナガヒメは長寿を約束してくれていたのだが、その姉のほうと別れてしまったため、ニニギの子孫である人間（日本人）は短命になったという。

これは、東南アジアやニューギニアに伝わる、いわゆるバナナ型神話と呼ばれるものにそっくりなのだ。こちらは、昔、神が人間に石とバナナのどちらかを選べといったとき、人間は食べられるバナナを選んだために、バナナと同じように腐りやすい体になって死ぬようになった。

コノハナノサクヤビメを祀っている、富士山本宮浅間大社

もし、石を選んでいれば不老不死が得られたというものである。

あるいは、死んだイザナミを連れ戻そうとイザナギが黄泉《よみ》の国へ行くが、約束に背いて妻の腐乱した死体を覗《のぞ》き見てしまったために、連れ戻すことに失敗するという神話がある。**これは、ギリシャ神話における、オルペウスが妻エウリユディケを冥界から連れ戻そうとして失敗する話と酷似している。**このほかにも、記紀に記されている神話には、世界各地の神話と共通するものがいくつもあるのだ。

日本人は、北の樺太や南の島々、さらに中国、朝鮮半島など、数万年にわたってさまざまな方向から渡ってきた人々によって形成されている。また、**古代から海を越えての交易も盛んであった。**日本の神話に世界各地の神話が混入していても、少しもおかしくないだろう。

MYSTERY 004

皇室の先祖・天照大神は男か女か？

天皇家の祖は、アマテラスオオミカミだとされている。この神は、『古事記』では天照大御神、『日本書紀』では天照大神の字があてられている。**太陽を神格化した神であるアマテラスは、一般的には女性の神、つまり女神というイメージのほうが強い。**

実際、『日本書紀』のなかには、弟神のスサノオがアマテラスを「姉」と呼ぶ場面があるし、機織り部屋で仕事をしている描写があるため、女神と受け取るのが普通だ。また、アマテラスは別名をオオヒルメノムチノカミ（大日孁貴神）というが、「オオ」は尊称、「ムチ」は「高貴な者」、「ヒルメ」は「日の女神」を表しているともいう。ほかにも、オオヒルメノミコト（大日女尊）やオオヒルメ（大日女）など、女神を思わせる別名がいくつもある。

だが、アマテラスは男神であるという信仰も存在する。**アマテラスを祭神とし、古代から皇室と縁の深い伊勢神宮では、男神と見立てた説も生み出されているのだ。**伊勢神宮では、アマテラススメオオカミ（天照皇大神）やアマテラシマススメオオミカミ（天照坐皇大御神）と呼んでいる。漢字を見ると、確かに男性的だ。

また中世以降、アマテラスを男神と見なす説が唱えられた。古来の日本の神々は、さまざまな仏が化身として日本の地に現れた姿であるという本地《ほんじ》垂迹《すいじゃく》思想が広まると、**アマテラスは大日如来の化身であるとされた。**これは、平安時代後期から武士が台頭してきて、社会の男性化が進んだ当時において、広く支持された考え方だったようだ。

もっとも、『古事記』や『日本書紀』が書かれた7～8世紀は、**推古天皇や持統天皇など女性天皇が多かったので、その時流に合わせるため、本来男神であったアマテラスを無理やり女神ということにしたという説もある。**ようするに、男神か女神かは、その時代時代の影響を受けているとも言えるのだ。果たして、アマテラスは、男神なのだろうか、それとも女神なのだろうか？

アマテラスは基本的に女神として描かれることが多い（月岡芳年『大日本名将鑑 天照皇大神』）（都立中央図書館特別文庫室所蔵）

MYSTERY
005
天照大神の「天岩戸隠れ」は超古代の火山噴火?

日本神話のなかの「天岩戸隠れ《あまのいわと》」の物語は有名だろう。改めてあらすじを紹介すると、あるとき、スサノオが高天原で田畑を荒らしたり、御殿に糞尿《ふんにょう》をまき散らすなどの乱暴狼藉《ろうぜき》を働いたことがあった。はじめ姉のアマテラスは弟神をかばっていたが、スサノオはアマテラスが機織り部屋で神に捧げる衣を織っているときに天井から皮をはいだ馬を投げ込むという暴挙に出る。その拍子に、アマテラスの侍女が梭《さ》(織物を織るときに使う尖った器具)を誤って自分の陰部に刺してしまい死亡。これを驚き悲しんだアマテラスは、天岩戸という洞窟に引きこもってしまった。すると、**太陽の化身であるアマテラスが姿を消したことで、世界中は暗闇に包まれた。**

最後には、複数の神々の協力によってアマテラスが岩戸から出てきたことで、再び世界に光は戻るのだが、じつはこの神話、縄文時代にあった実際の事件を基にしているという説がある。**その事件とは、現在の鹿児島県の南沖合、薩摩硫黄島付近の海底にある鬼界カルデラの大噴火だ。**

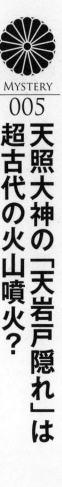

縄文時代初期、南九州では高度な縄文文化が発達しており、人口の多い集落も多数あった。だが、約7300年前に鬼界カルデラが大噴火を起こすと、火砕流は海を渡り、鹿児島県南部にまで到達。陸地にあるものをすべてなぎ倒し、あらゆる生物を焼き尽くしていった。

さらに、噴煙によって上空30キロメートルの成層圏にまで巻き上がった有毒な火山ガスを含む火山灰が、九州南部で30センチメートル、九州北部でも20センチメートル以上降り積もった。やがて火山灰は、四国や近畿地方南部にまで広がり、それらの地でも20センチメートル以上積もった。最終的に火山灰は関東地方にまで到達し、数センチメートル積もっている。

以後1000年近くも南九州は人の住めない荒れ地となったというから、凄まじい被害だ。また、九州北部から四国、近畿地方南部でも森林が壊滅的なダメージを受けたことで、西日本の縄文人は飢餓状態に陥った。それに加え、火山灰による呼吸器障害にも襲われ、多くの人々が命を落としたとされる。

この鬼界カルデラの大噴火と、その後の甚大な被害状況は、地質学や考古学の研究によって証明されている歴史的事実である。そして、アマテラスが天岩戸に隠れたことで世界が暗黒に包まれたというのは、鬼界カルデラの大噴火による火山灰の厚い雲で太陽が見えなくなった縄文人の記憶が反映されたものだとも考えられるのだ。

もっとも、「天岩戸隠れ」によく似た神話は中国南部、そのほかの地域にも存在している。そのため、より一般的な自然現象である皆既日食の経験を基にした神話の可能性もある。

MYSTERY

006

スサノオのヤマタノオロチ退治はヤマト王権と古代出雲王国の戦争だった？

ヤマタノオロチは、日本の神話に登場する8つの頭と8本の尾を持った巨大な蛇のような怪物だ。『古事記』では八俣遠呂智、『日本書紀』では八岐大蛇と表記されている。この怪物に関する神話は次のようなものである。

乱暴狼藉を働いたことで高天原を追放されたスサノオは、出雲国（現在の島根県および鳥取県）の肥《ひの》河《かわ》（現在の島根県斐《ひ》伊《い》川）の上流、鳥髪（現在の奥出雲町）に降り立った。この地でスサノオは、毎年、ヤマタノオロチに娘を食い殺され、嘆き悲しんでいる老夫婦と出会う。夫婦に残されたのは末のクシナダヒメ（櫛名田比売）だけであった。ヤマタノオロチ退治を請け負ったスサノオは、強い酒で怪物を酔わせ、その隙に切り殺すことに成功する。

一般的にこの神話は、**洪水の害から田畑を守る治水の比喩であるとされている**。クシナダヒメ（櫛名田比売）とは霊妙な稲田の女神という意味であり、それを襲う8つの頭と8本の尾を持つヤマタノオロチとは、多くの支流を持つ荒れ狂う川を表しているということだ。

だが、まったく違う解釈も存在している。スサノオは怪物を退治するときに十《と》拳剣《つかのつるぎ》という武

島根県の伝統芸能「岩見神楽」の演目「大蛇」スサノオのヤマタノオロチ対峙が題材となっている

器を使っていたが、尾を切ったときに剣が欠け、なかから天叢雲剣《あめのむらくものつるぎ》という剣が出てきた。十拳剣はこれとぶつかって欠けてしまったのである。天叢雲剣の素晴らしさに感銘を受けたスサノオは、のちにアマテラスに献上している。

十拳剣と天叢雲剣がぶつかって十拳剣が欠けたということから、前者は銅剣で、後者は鉄剣であると推測される。古代の出雲にはヤマト王権とは別の独自勢力があり、製鉄技術が進んでいた。事実、奥出雲町では古来、砂鉄を利用した「たたら製鉄」が盛んであり、鳥取県の妻木《むき》晩田《ばんだ》遺跡からは多数の鉄器が発見されている。

ここから、ヤマタノオロチ退治の神話とは、ヤマト王権と古代出雲王国の戦争のことで、スサノオがアマテラスに天叢雲剣を献上したというのは、**勝利したヤマト王権が戦利品として優れた鉄製の武器を得たという解釈もあるのだ。**

MYSTERY

007

現存する皇室の「三種の神器」はレプリカ品？

三種の神器とは、正当な天皇であることを示す3つの宝物のことである。具体的には、鏡である八《や》咫《たの》鏡《かがみ》、玉である八《さ》尺《さか》瓊《にの》勾《まが》玉《たま》、剣である草《くさ》薙剣《なぎのつるぎ》の3つを指している。ちなみに、草薙剣とは、スサノオがヤマタノオロチを退治したときに手に入れた天叢雲剣のことだ。

神話によれば、アマテラスの子孫であるニニギが、「葦《あし》原中国《はらのなかつくに》（日本）」を治めるために高天原から送られた際、アマテラスから預けられたものとされている。以後、皇室にとってもっとも大事なものとなった。

そのため、ときに皇族同士で奪い合いも起きているし、南北朝時代には双方が自分たちの持っている三種の神器こそが本物であると主張し合ったりもしている。また、明治時代には南北両朝どちらが正統な皇統なのかを巡る議論が起きたが、**最終的には明治天皇自身が三種の神器の保有を根拠に南朝を正統と決定したこともあった。**

このように大切なものであるため、もともと、三種の神器は天皇の身近に置かれていたが、崇《す》神《じん》天皇（3～4世紀？）の代に、鏡と剣は外に祀られることになった。現在、三種の神器の所在地は、草薙剣は熱田神宮に、八咫鏡は伊勢神宮に、八尺瓊勾玉は皇居の吹上御所の「剣璽《けんじ》の間」にあるとされている。また、皇居の宮中三殿の賢所《かしこどころ》には八咫鏡の形代《かたしろ》が、吹上御所の「剣璽の間」には草薙剣の形代があるとされている。

形代というのは、簡単に言ってしまえばレプリカのことだが、神道における御魂遷《みたまうつ》しの儀式というものによって作られたものであり、**観念上は本物と同一視されている。**そういう意味では、皇居に三種の神器は揃っていることになる。

ちなみに、皇居にある草薙剣の形代はじつは二代目で、初代は壇ノ浦の合戦で平家とともに関門海峡に没し、行方不明となった。その後、伊勢神宮から皇室に二代目が贈られたのである。八咫鏡の形代のほうは、たび重なる火災により鏡の原型をとどめておらず、箱のなかに灰が残されているだけともいう。

もっとも、**三種の神器はあまりに神聖な存在であるため、皇族はもとより、歴代の天皇自身も実物を見たことがないとされる。**それゆえ、三種それぞれの形状にも諸説あり、保存状態もよくわからなければ、実在そのものも証明されていない。

２０１４年、前年に式年遷宮があった伊勢神宮に天皇、皇后両陛下が参拝された際、皇居から草薙剣の形代と八尺瓊勾玉が伊勢神宮に新幹線で運ばれた。ただ、このときも黒い箱に入ったままで、その中身は誰も見ていない。三種の神器は現代においても、非常に謎めいた存在なのである。

MYSTERY
008

天孫への国譲りは『古事記』と『出雲国風土記』でぜんぜん違う？

神話によれば、日本を最初に支配していたのはスサノオの息子、ないしは子孫ともされるオオクニヌシ（大国主）という神だ。オオクニヌシは出雲を中心に日本を治めていたが、あるときアマテラスをはじめとする高天原の神々が、日本を支配するのはアマテラスの子孫であるべきだと言いだし、出雲に使者を送る。

『古事記』や『日本書紀』では、このあと高天原から遣わされた**タケミカヅチ（建御雷神）という神が、オオクニヌシの息子タケミナカタ（建御名方神）の両手を潰《つぶ》すなどの強硬な手段によってオオクニヌシに支配権を譲り渡すことを認めさせ、**以後、日本を治めるのはアマテラスの子孫に決まったとある。また、**オオクニヌシは国を譲る代わりに、自分を祀る神殿を建てることを約束してもらったという。**このとき建てられたのが杵《き》築《つき》大社（出雲大社）だ。そして、国を譲ったオオクニヌシは、その後、冥界《めいかい》の支配者となった。以上が、いわゆる「国譲り」、ないしは「葦原中国平定」と呼ばれる神話だ。

ところが、『古事記』や『日本書紀』とほぼ同時期に編纂された、出雲に伝わる神話や伝承

■古代出雲王国が支配していたとされる地域

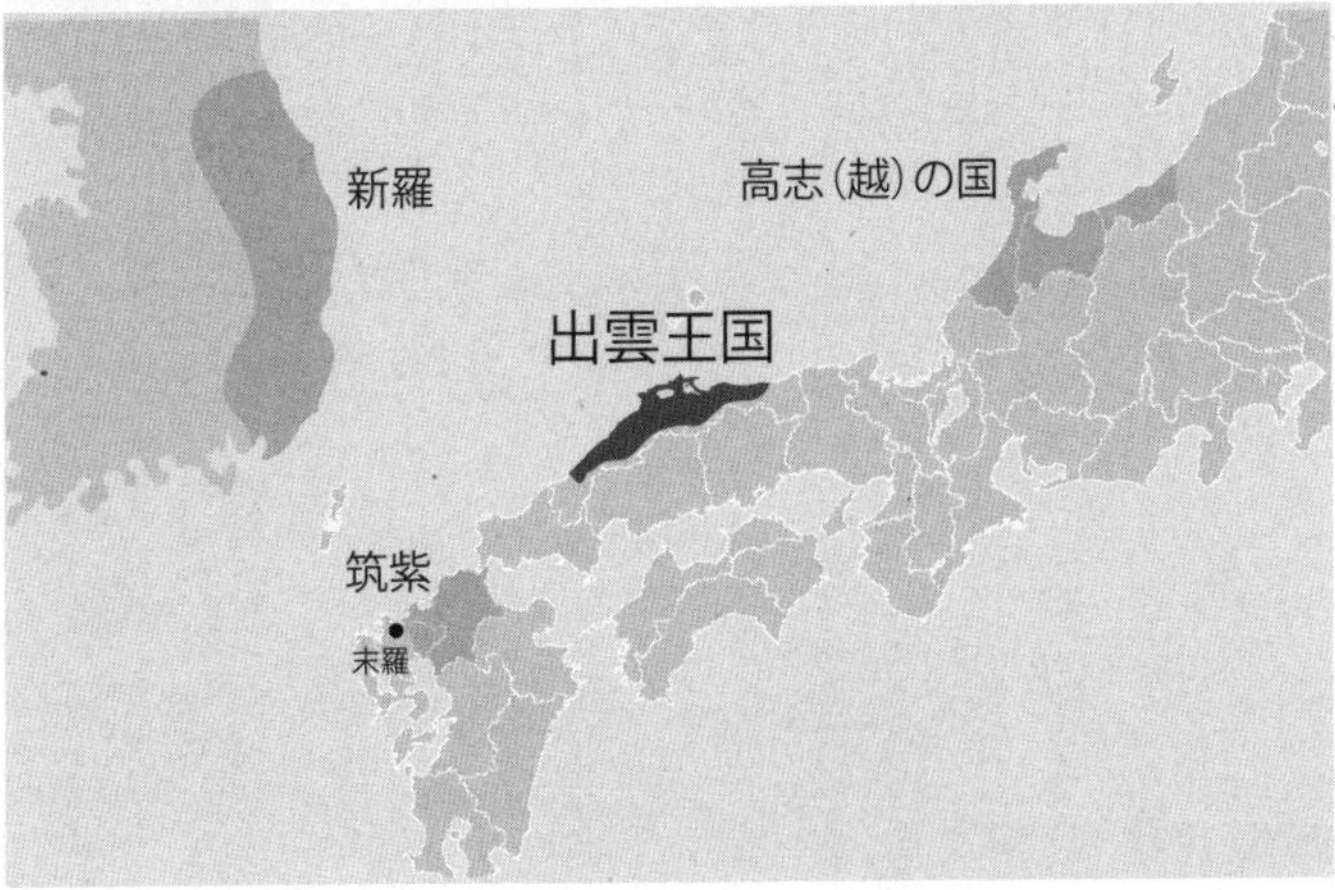

をまとめた『出雲国《いずものくに》風土記《ふどき》』では、この国譲りの経緯がずいぶんと違う形で記されている。『出雲国風土記』のほうでは、オオクニヌシは高天原の使者に脅されてではなく、自主的に支配権を譲っているのだ。しかも、**日本全体の支配権は譲るが、出雲だけは自分が支配し続けると宣言している。**つまり、出雲の独立権を主張しているのである。

国譲りは、いわば旧支配者から新支配者への権力の移行の物語だ。『古事記』や『日本書紀』は、当時の中央権力であるヤマト王権の視点で書かれている。そのため、武力で圧倒したといった描写になっているのだろう。だが、出雲側からすれば、それほどいっぽう的にやられたというわけではなく、ある程度の独立を守りながら、ゆるやかに同化していったという認識があったのかもしれない。

MYSTERY
009

天孫降臨の地は日向国(宮崎県)ではなかった?

オオクニヌシの国譲りが済み、日本の支配者がアマテラスの子孫となることが決まったあと、高天原から送られたのがニニギ(邇邇藝命)だ。**ニニギはアマテラスから授けられた三種の神器を携え、数柱の神を引き連れて日本の地に降り立った。これを天孫降臨という。**

『古事記』と『日本書紀』では、ニニギが降り立った場所を「筑紫の日向《ひむか》の高千穂」と記している。筑紫とは九州のこと。日向とは一般的には日向国(現在の宮崎県)のことを指すとされている。そこから、**最初にニニギが降り立ったのは宮崎県であるというのが通説だ。**

ただ、天孫降臨を考古学的に証明するものは発見されておらず、もし神話に何らかの事実が含まれているにしても、その場所は特定されていない。宮崎県説を唱える者のなかにも、「高千穂」とは、宮崎県北端部の高千穂町であるという者と、県南部で鹿児島県との県境に位置する高千穂峰のことであるという者に分かれている。

また、日向とは日向国ではなく、たんに「日に向かう地」という意味でしかなく、高千穂も、「高い山」を意味しているに過ぎないという説もある。さらに、高千穂の「久士布流多気(クジフ

■九州各地に存在する天孫降臨の地

ルタケ）」や「槵触之峯（クジフルノタケ）」という地に降り立ったという記述もあるので、クジフルに音の似た大分県の久住山や、**福岡県と佐賀県の県境にある脊《せ》振《ふり》山《さん》こそが天孫降臨の地であるという説を唱える者もいる。**

そもそも天孫がオオクニヌシから譲られたのは、出雲の地だ。ならば、ニニギが最初に日本に降り立つ地としては、出雲が自然ではないだろうか？　あるいは、大和王権の中心地である近畿地方のどこかの山でもいい。

一説には、『古事記』や『日本書紀』が成立した7～8世紀、九州南部では隼人《はやと》と呼ばれる勢力がヤマト王権に抵抗していたという。そこで、同地のヤマト王権の支配を正当化するため、日向国にヤマト王権の祖であるニニギが降り立ち、古代から治めていたという記述にしたとも言われている。

MYSTERY

010

なぜ、神武天皇の祖母はワニだったといわれるのか？

初代天皇とされる神武天皇の父は、ウガヤフキアエズ（鵜草葺不合命）だ。ウガヤフキアエズは、ニニギの息子であり山幸彦・海幸彦の神話で有名な山幸彦（別名・ホオリ）とトヨタマヒメ（豊玉姫）の間に生まれている。神武天皇の祖母にあたる豊玉姫は、海神・大綿津見神の娘で、ウガヤフキアエズを産む際、八《や》尋《ひろ》和《わ》邇《に》の姿に変じたと伝えられている。八尋とは非常に大きいという意味だ。つまり、**豊玉姫の正体は巨大なワニだったのである**（別伝では龍に変じたというものもある）。

豊玉姫は出産時に、けっして自分の姿を見てはいけないと夫に約束させるが、山幸彦はそれを破り、正体を見てしまう。その結果、豊玉姫は子どもを残して海に帰っていったという。これは、民話の「鶴の恩返し」などと同じ、民俗学でいうところの「見るなのタブー」と呼ばれるものだ。

ところで、**豊玉姫の正体であるワニが、どのような生物を指しているかについては、長年、2つの説の対立が続いている。**ひとつは、魚類のサメであるというもの。もうひとつは、爬《は》虫《ちゅう》

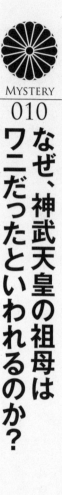

日本にも生息していたといわれるイリエワニ

類《るい》のワニであるというものだ。

サメ説のほうは、中国地方ではサメのことをワニと呼ぶこと。また、基本的に日本には爬虫類のワニは生息していないことを根拠としている。

いっぽう、ワニ説のほうは、中国や東南アジアなどには爬虫類のワニがいるため、その情報だけが日本にも伝わってきた、ないしは日本人の先祖がそれらの地から渡ってきたときにもたらした神話である可能性があること。また、古代の日本にはワニがいた可能性があることなどを根拠としている。

爬虫類のワニが日本に生息していたことに関しては、**約30〜40万年前の更新世の地層から、マチカネワニの化石が発見されている。**また、イリエワニが奄美大島や西表島などに少数ながら生息していたという説もある。

MYSTERY
011 神武天皇は本当に実在したの？

神武天皇は、神話によれば日向国（現在の宮崎県）に生まれ、45歳のときに**「ニニギの天孫降臨以来、179万2470年も経ったのに、まだ西のはずれに留まったままで日本全土を征服していない」**と語り、東征を決意したという。そして、東に向かって兵を進め、大和（現在の奈良県）まで制圧すると、同地に橿《かし》原宮《はらのみや》という皇居を建て、52歳で初代天皇として即位したとされる。

ちなみに、神武という贈り名は奈良時代につけられたもので、『古事記』や『日本書紀』では、ヒコホホデミ（彦火火出見）、トヨミケヌノミコト（豊御毛沼命）、イワレヒコノミカド（磐余彦帝）など、さまざまな名前が散見される。また、天皇として即位したときには、ハックニシラススメラミコト（始馭天下之天皇）と称したという。

そんな神武天皇だが、**現在の歴史学会においては、実在しない架空の人物であるという説が主流だ。**その根拠は、『古事記』『日本書紀』以外、神武天皇の記録が残されていないこと。また、考古学上の物証も発見されてないことである。さらに、神話をそのまま受け取れば、**神武**

天皇は『古事記』では137歳、『日本書紀』では127歳まで生きたとされている。現代でもほぼあり得ない長寿のため、架空の人物と考えられているのだ。

さらに、第十代・崇神天皇への贈り名「御肇國天皇」は、神武天皇と同じ、ハックニシラススメラミコトと読む。意味はどちらも、「この国を治めた最初の天皇」という意味だ。もし、神武天皇が実在したのならば、崇神天皇にこのような名前は贈らないだろう。

月岡芳年『大日本名将鑑』より「神武天皇」（都立中央図書館特別文庫室所蔵）

これらのことから、神武天皇とは、ヤマト王権の創世期にいた何人かの指導者の業績を合わせて、ひとりの人物のものとしたという説が主流となっている。ただ、**神武東征は、九州にあった邪馬台国《やまたいこく》が近畿に進出した記録であり、神武天皇にあたる特定の人物も実在したという説もないわけではない。**

MYSTERY
012

神話時代の天皇の即位年の根拠は何？

神武天皇の即位は、紀元前660年ということになっている。もちろん、『日本書紀』に西暦で記されているわけではなく、すべて干支という年の数え方で記されている。

干支とは、甲・乙・丙・丁・戊・己・庚・辛・壬・癸の十干と、子・丑・寅・卯・辰・巳・午・未・申・酉・戌・亥の十二支を組み合わせ、その最小公倍数である60で一周する中国古来の数の数え方である。干支は、年だけではなく、月や日の数え方にも使われていた。

『日本書紀』には、神武天皇の即位年月日は「辛酉年春正月庚辰朔」とある。つまり、辛酉《かのととり》の年に即位したということだ。ただ、60年に一度、辛酉の年はやってくるので、この記述だけでは何年前のことかわからない。

神武天皇がいつ即位したかを初めて計算したのは、江戸初期の天文暦学者である渋川春海であるという。渋川は『日本書紀』などに記された各時代の天皇の事績にまつわる記述を丹念に追い、すべての天皇の即位年を明らかにした。その結果、神武天皇が即位したのは、西暦でいうと紀元前660年となったのである。

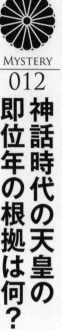

明治政府は、この渋川の計算を受け継ぎ、１８７３（明治6）年に西暦（グレゴリオ暦）が日本にも導入された際、神武天皇の即位年を紀元前６６０年と正式に定めた。**即位の月日も「春正月庚辰朔」という記述から2月11日と定められ、これが、建国記念の日となっている。**また戦前は、紀元前６６０年を元年とする神武天皇即位紀元（皇紀）という日本独自の暦も使われていた。これによれば、西暦２０１７年は皇紀２６７７年にあたる。

もっとも、神武天皇の即位年をはじめ、最初のころの天皇の即位年は、史学的に事実とされているわけではない。そもそも、**いまから２７００年近く前の紀元前６６０年は、まだ縄文時代後期、ないしは弥生時代の最初期である。**邪馬台国の卑弥呼《ひみこ》の時代から見ても、８００年以上昔のことになってしまう。そんな時代に、天皇制をはじめとするヤマト王権ともいうべき国家体制が存在していたとは考えづらいのだ。それらを立証する考古学的な発見もまだない。

恐らく、『日本書紀』の作者が、天皇制と日本の歴史の長さを誇るために、その起源をかなり古めに見積もったということなのだろう。**神武天皇の即位が辛酉の年になっていること自体、かなり意図的だという説もある。**中国ではこの年は、王朝が交代する革命の年とされており、これを辛酉《しんゆう》革命という。この思想を背景に、天皇が日本の支配者となったことの正統性を象徴するため、即位年を辛酉にしたとも言われている。

ちなみに、ギネスブックは『日本書紀』の記述に基づき、日本の皇室を世界最古の王朝として記録している。だが、「現実的には4世紀」とも付記している。

MYSTERY
013
なぜ第二代の綏靖天皇から第九代の開化天皇までは情報が乏しい？

初代天皇である神武天皇については、『古事記』『日本書紀』ともに、その誕生から東征、天皇への即位と、事績を詳細に記述している。ところが、続く**第二代天皇から第九代天皇までに関しては、両書とも系譜のみで、事績がほとんど記載されていない**。つまり、血筋と名前だけが記録されており、何をした天皇なのかよくわからないのだ。

そのため、第二代から第九代までの天皇は実在していなかったという説が根強い。これを「欠史八代」という。別の項目で解説したように、神武天皇も架空の存在である可能性が高いため、**初代から第九代までは実在しなかったかもしれないのだ**。

第二代から第九代までの天皇の名は、次の通りである。第二代は綏靖《すいぜい》天皇。この天皇に関しては「欠史八代」のなかで例外的に、兄弟間での権力争いの記述がわずかながら見られる。第三代は安寧《あんねい》天皇、第四代は懿徳《いとく》天皇、第五代は孝昭天皇、第六代は孝安天皇、第七代は孝霊天皇、第八代は孝元天皇、第九代は開化天皇となっている。

「欠史八代」の実在が疑われる理由は、事績の記録が残されてないということだけではない。

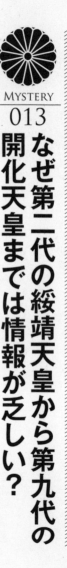

■欠史八代（第２代から第９代までの天皇）

	諡号	没年齢	父
綏靖《すいぜい》天皇	神渟名川耳《かんぬなかわみみ》天 皇《のすめらみこと》	84 歳	神武天皇（第 3 子）
安寧《あんねい》天皇	磯城津彦玉手看《しきつひこたまてみ》天 皇《のすめらみこと》	57 歳	綏靖天皇（第 1 子）
懿徳《いとく》天皇	大日本彦耜友《おおやまとひこすきとも》天 皇《のすめらみこと》	77 歳	安寧天皇（第 2 子）
孝昭天皇	観松彦香殖稲《みまつひこかえしね》天 皇《のすめらみこと》	114 歳	懿徳天皇（第 2 子）
孝安天皇	日本足彦国押人《やまとたらしひこくにおしひと》天 皇《のすめらみこと》	137 歳	孝昭天皇（第 2 子）
孝霊天皇	大日本根子彦太瓊《おおやまとねこひこふとに》天 皇《のすめらみこと》	128 歳	孝安天皇（第 2 子）
孝元天皇	大日本根子彦国牽《おおやまとねこひこくにくる》天 皇《のすめらみこと》	116 歳	孝霊天皇（第 1 子）
開化天皇	稚日本根子彦大日日《わかやまとねこひこおおひひ》天 皇《のすめらみこと》	111 歳	孝元天皇（第 2 子）

寿命が異常に長すぎる天皇が多いのだ。『古事記』と『日本書紀』では崩御したときの年齢の記載に違いがあるが、『日本書紀』に従えば、一番短い天皇で安寧天皇の57歳、一番長い天皇は孝安天皇が１３７歳となっている。そして、**8人中5人も100歳を超えているのだ。**

さらに、「欠史八代」の天皇はすべて父子相続だが、古代の日本では兄弟相続が一般的であり、父子相続が定着するのは7世紀以降のことだ。その点からも不自然さが見られる。

そういう意味で「欠史八代」は、やはり皇室の歴史の長さを強調するために創作された、架空の存在と考えるのが妥当かもしれない。ただ、寿命の長さに関しては、**古代日本では半年で1年と数えていた可能性があり、各天皇の寿命を半分で計算すれば、それほどおかしくないという説もある。**

MYSTERY

014

邪馬台国の卑弥呼は孝霊天皇の皇女だった？

3世紀末に成立した中国の歴史書『三国志』のなかの「東夷伝《とういでん》」の一部、いわゆる「魏志倭人伝《ぎしわじんでん》」のなかには、当時の日本の政治体制や風習、自然環境などについての詳細な記述が残されている。これが、古代日本の姿を知ることができる最古の文献だ（1世紀に成立した中国の歴史書『漢書』にも日本に関する記述があるが、そこまで細かくない）。

その「魏志倭人伝」のなかに、女王・卑弥呼が治める邪馬台国という国の記述がある。「魏志倭人伝」の文章がさまざまに解釈できるため、**邪馬台国が日本のどこにあったのかは日本の歴史上最大の謎となっているが、卑弥呼の正体についても諸説が唱えられている。**

外国の歴史書に名前が載るほどの人物であり、3世紀半ばに亡くなったという時代を特定する記載もありながら、日本の歴史書である**『古事記』にも『日本書紀』にも、卑弥呼に関する直接的な記述はない。**ただ、『日本書紀』では中国の歴史書を引用しながら、第十四代・仲哀《ちゅうあい》天皇の皇后だった神功《じんぐう》皇后と卑弥呼を同一視できるような記載の仕方をしている。しかし、神功皇后は実在そのものが疑われている面もあり、また実在していたとしても卑弥呼よりのちの時代（4世紀？）の人物であると考えられているため、同一人物の可能性は低い。

日本の神話・歴史のなかで、神功皇后よりも存在が巨大な女性としては、女神のアマテラスがいる。卑弥呼には弟がいたという記録があり、アマテラスにもスサノオという弟がいる。そのため、**アマテラス＝卑弥呼を主張している者もいる。**これについては、アマテラスそのものの実在が証明不可能なので、なんともいい難い。

もう少し現実的な説としては、**第七代・孝霊天皇の皇女ヤマトトトヒモモソヒメノミコト（倭迹迹日百襲媛命）を卑弥呼と見なすものもある。**この皇女は3世紀の人物と考えられており、それが正しいなら時代的にも卑弥呼の生きていた時期と合致する。また、彼女は天皇に神意を伝える巫女の役割を果たしたとされているが、『魏志倭人伝』のなかで卑弥呼も占いによって政治を動かしていたと記述されている。さらに、この皇女の墓とされる箸《はし》墓《はか》古墳は、邪馬台国の有力な所在地のひとつと見なされている奈良県桜井市の纒向《まきむく》遺跡のなかにあり、その規模も「魏志倭人伝」が伝える卑弥呼の墓の大きさと、ほぼ同じだ。

このようなさまざまな傍証から、近年はヤマトトトヒモモソヒメノミコト＝卑弥呼説は、かなり有力視されている。だが、この説にも弱点がないわけではない。ヤマトトトヒモモソヒメノミコトは皇女にすぎず、卑弥呼のように絶大な権力を振るった女王とは、とても呼べないのだ。そのため、**卑弥呼はヤマト王権とはまったく関係ない、九州の独立国家の女王という説にも根強い支持がある。**果たして、卑弥呼と邪馬台国の謎が解かれる日は来るのだろうか。

MYSTERY
015

坂本龍馬も見物した「天逆鉾」はなぜ九州の高千穂にある？

天逆鉾《あまのさかほこ》とは、もともとはイザナギとイザナミが日本の国土を作るために泥のようだった大地をかき混ぜるときに使った天沼矛《あめのぬぼこ》のことらしい。それが後世、変じて天逆鉾と呼ばれるようになったとされる。

そんな天逆鉾は、**のちにアマテラスが伊勢の地に投げ降ろし、以後、伊勢神宮で保管されているという。**実際に伊勢神宮に天逆鉾があるのかを確かめた人はいないようだが、いまも広くそう信じられている。

だが、それとは別に、**宮崎県の高千穂峰にも天逆鉾がある。**高千穂峰に残る伝承では、天逆鉾の持ち主はイザナギ、イザナミからオオクニヌシへと変遷し、そのオオクニヌシがニニギに譲ったとされている。そして、ニニギは天逆鉾を使って国土を平定したあと、二度と鉾が使われることがないよう平和を祈願して、高千穂峰の山頂に突き立てたという。

こちらの天逆鉾は青銅製で、現在でも高千穂峰の山頂に突き立っており、その姿を見ることができる。もっとも、いまあるものはレプリカだ。火山の噴火によって折れてしまったため、

高千穂峰山頂にいまも刺さっている天逆鉾

複製が造られたのである。ただ、地中にはオリジナルの柄の部分がまだ埋まっているという。

もちろん、オリジナルといっても神話時代のものがそのまま残されているわけではないだろう。だが、**数百年以上昔からある、かなり古いものであることは確からしい。**ちなみに、火山で折れたオリジナルの刃の部分は、その後、島津家に献上されたと伝わるが、現在は行方不明だ。

幕末の志士・坂本龍馬も、この高千穂峰の天逆鉾を見たという記録が残されている。龍馬は1866（慶応2）年の寺田屋事件のあと、療養をかねて、妻のお龍《りょう》と九州を回り、高千穂峰にも登っている。このとき龍馬は、戯れに天逆鉾を引き抜いてしまったという。とくにお咎《とが》めもなかったらしいが、龍馬らしい自由奔放な行動といえよう。

MYSTERY
016

360年以上も生きたといわれる朝廷の忠臣・武内宿禰の正体は？

武内宿禰《たけのうちのすくね》は、異様な長寿を誇り、**景行《けいこう》、成務《せいむ》、仲哀、応神、仁徳《にんとく》の5代にわたって天皇に仕え、政務を補佐したとされる**古代日本の伝説的な忠臣だ。出自は、第八代・孝元天皇の孫とも、ひ孫とも伝えられている。**また、蘇我氏、葛城《かつらぎ》氏、巨勢《こせ》氏、平群《へぐり》氏など古代の有力豪族の多くが、この武内宿禰を祖としている。**

『日本書紀』に記されている事績をいくつか拾ってみよう。まず、第十二代・景行天皇の時代に天皇に仕えるようになり、北陸や東北を巡察している。第十三代・成務天皇の時代に大臣に任命される。ちなみに、**天皇を補佐する大臣という役職は、武内宿禰が初代とされている。**

続いて第十四代・仲哀天皇にも仕え、仲哀天皇が遠征中に急死すると、その喪を秘すなど、混乱を避けるために積極的に動き、仲哀天皇の皇后であった神功皇后を支えた。第十五代・応神天皇の下では、百済《くだら》、高句麗《こうくり》、新羅《しらぎ》などから来朝した使者への対応を行っている。

そして、第十六代・仁徳天皇にも引き続き仕えていたが、仁徳天皇の治世50年ほどで死去したとされる。また別の伝承では、因幡国《いなばのくに》（現在の鳥取県）に行き、沓《くつ》だけを残して行方不明に

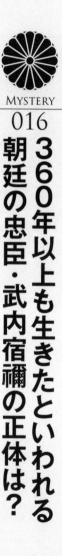

なったともいう。ともあれ、以後、武内宿禰の事績に関する記載はない。死去、ないしは行方不明になったときの**年齢は280歳だったとも360歳だったとも伝えられている。**

当然ながら、これほどの長寿ということになると、武内宿禰が実在の人物であったとは考えにくい。実際には、各天皇に仕えた有能な臣下たちの業績を合わせて、ひとりの人物のものとしたのだろう。あるいは、有力豪族がこぞって祖としていることから、理想的な臣下像として作られた完全に架空の存在なのかもしれない。

一説には、蘇我馬子や中《なか》臣鎌《とみのかま》足《たり》がモデルになっているともいう。

実在、架空はともあれ、古代から近代に至るまで武内宿禰の人気は高く、全国各地に武内宿禰を祭神として祀る神社が多数存在している。また戦前は、5回もお札に肖像が使われた。

360年も生きたといわれる武内宿禰（月岡芳年『芳年武者无類』「竹内宿禰」）（都立中央図書館特別文庫室所蔵）

MYSTERY 017

熊襲征伐を実行したのはヤマトタケルではなく景行天皇だった？

熊襲《くまそ》とは、九州南部に拠点を置き、ヤマト王権に抵抗した集団のことである。勢力範囲には諸説あるが、肥後国球磨《くま》郡（現在の熊本県人吉《ひとよし》市）から大隅国曽於《そお》郡（現在の鹿児島県霧島市）あたり一帯にかけて居住していたと考えられている。

そんな熊襲は、遅くとも5世紀ごろまでにはヤマト王権に制圧されるのだが、景行天皇の皇子であった**ヤマトタケル（日本武尊）によって征伐された**という話は聞いたことのある方も多いだろう。ヤマトタケルの熊襲征伐の物語は、『古事記』と『日本書紀』の両書に記載されている。ところが、『日本書紀』には、それに先立って父親の景行天皇による熊襲征伐があったという記述があるのだ。**つまり、『日本書紀』では、景行天皇が最初に九州を平定したことになっているのである。**だが、景行天皇の事績について、『古事記』では1行も触れられておらず、すべてヤマトタケルの手柄となっている。

『古事記』と『日本書紀』では、それ以外にもヤマトタケル関係の記述に関して、さまざまな違いがある。まず、**『古事記』ではヤマトタケルは父に疎《うと》まれた悲劇の英雄として描かれている。**

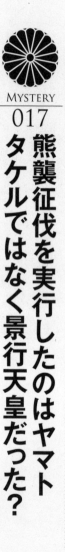

これに対し**『日本書紀』では父との関係も良好で、天皇に忠義を尽くす英雄として描かれているのだ。**この父との関係性の違いから、熊襲征伐も、『古事記』では、ほぼ単身で向かったことになっているが、『日本書紀』では、ちゃんと従者もつけられたことになっている。

両書の違いは何を意味しているのだろうか？『古事記』が悲劇の英雄譚《たん》を盛り上げるために、景行天皇の手柄もすべてヤマトタケルのものにしてしまったのか。それとも、『日本書紀』が天皇の偉大さを強調するために、皇子の手柄を天皇のものとしてしまったのだろうか。ただ、ヤマトタケルは実在を疑われている伝説的な人物である。**皇子の身分で単身、熊襲征伐に送られたというのも、容易には信じられる話ではない。**そういう意味では、『日本書紀』のほうが、史実に近いのかもしれない。

熊襲の首長・川上梟師を倒すヤマトタケル（月岡芳年『芳年武者无類』「日本武尊 川上梟師」）（都立中央図書館特別文庫室所蔵）

MYSTERY 018

朝鮮半島には神功皇后の「三韓征伐」の史跡がある？

第十四代・仲哀天皇の皇后だった**神功皇后が天皇の急死後、軍を率いて海を渡り、朝鮮半島に進出。新羅、百済、高句麗を制圧して属国とし、朝鮮半島を手中に収めたという記述が『古事記』と『日本書紀』に見られる。**これを「三韓征伐」という。三韓征伐がいつ行われたのかははっきりしないが、神武天皇の即位が紀元前660年というのをそのまま受け入れるなら3世紀のこととなり、中国や朝鮮の資料も考慮に入れるなら4世紀のことと考えられる。

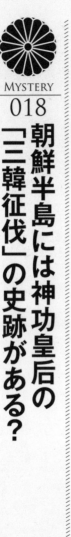

三韓征伐は、戦前は『日本書紀』の記述通りの史実とされ、神功皇后も実在の人物と考えられていた。だが、戦後は神功皇后の実在については意見が分かれている。また、「三韓」が指しているものは、新羅、百済、高句麗ではなく、新羅（辰韓）、馬韓、弁韓の3ヵ国のことであり、**日本は朝鮮半島全土ではなく、南部のみを征服したという説が現在は主流となっている。**

しかし、古代の日本が朝鮮半島に進出し、ある一定期間、勢力圏としたこと自体は朝鮮や中国の資料にも記されている。

たとえば、高句麗の第19代の王である好太王の業績を称え、414年に建てられた広開土王

広開土王碑（中国・吉林省）（共同通信社）

碑という石碑がある。そこには、**4世紀末に日本が朝鮮半島に進出して百済や新羅を臣従させ、高句麗と激しく戦ったことが高句麗側の視点で記録されているのだ。**

また、6世紀に中国で製作された職貢図という、古代の中国と周辺国の関係を描いた絵図があり、そこには新羅について、**「あるときは韓の属国であり、あるときは倭（日本）の属国であった」**と記載されている。そのほか、奈良県天理市の石上《いそのかみ》神宮《じんぐう》には、新羅から日本に献上されたとされる七支刀《しちしとう》がいまも残されている。

これらのことから、地理的範囲や誰が指揮したものかは別にして、古代の日本が朝鮮半島に対して、ある程度の支配力を持っていたことは疑いようがない史実のようだ。ただ、7世紀の白村江《はくすきえ》の戦いで唐・新羅軍に敗れたことで、日本は朝鮮半島への影響力を失ってしまう。

MYSTERY
019

源平が拝んだ八幡神は応神天皇ではなかった？

源氏や平氏をはじめとする全国の武家から、**武運の神として崇《あが》められていたのが八幡神《はちまんしん》だ。**平将門は八幡大菩薩によって「新皇」の地位を保証されたと称し、また源頼朝は鎌倉幕府を開くと、本拠地の鎌倉に鶴岡八幡宮を建立している。

八幡は本来「ヤハタ」と読むが、早くから仏教にも取り入れられ、八幡大菩薩（ハチマンダイボサツ）とも呼ばれる。現在もこの神への信仰は広く浸透しており、日本各地に八幡神を祀る八幡宮は4万以上もあるという。

そんな**八幡神は、神道では第十五代・応神天皇の神霊ということになっている。**だが、この神の来歴は意外と複雑だ。八幡神が応神天皇であるというのは、8世紀の奈良時代以降に広まった考え方といわれている。もともとは北九州の豪族・宇佐《うさ》国造《くにのみやつこ》氏の氏神であり、宇佐神宮に祀られていた。それが、さまざまな奇瑞《きずい》を起こしたことから、やがて朝廷の守護神となっていった。ちなみに、現在も大分県宇佐市にある宇佐神宮は、全国の八幡宮の総本社だ。

それでは、本来の八幡神がどのような神であったかというと、よく託宣（お告げ）を行う神

全国の八幡宮の総本社、宇佐神宮

だったとされる。そして、その**託宣のなかで、みずからの出自も語っているのだ。**『宇佐託宣集』という記録によれば、748（天平20）年に八幡神は「古へ吾れは震旦国の霊神なりしが、今は日域鎮守の大神なり」と告げたという。つまり、以前は中国の神だったというのだ。また、『豊《ぶ》前国《ぜんのくに》風土記』によれば、「昔、新羅国の神、自ら度り到来して、此の河原に住むり」と記されている。こちらは、**元は朝鮮半島の新羅の神であり、海を渡って日本にやってきたという意味だ。**

ルーツが中国にせよ、朝鮮半島にせよ、八幡神は本来日本の神ではなく、外国の神だったのである。古代の日本には、大陸や朝鮮半島から多くの渡来人が移住してきた。八幡神は、そういった渡来人たちが日本に持ち込んだ神なのかもしれない。

MYSTERY
020

『日本書紀』には拷問大好きのバイオレンスな天皇も出てくる？

歴代の天皇のなかで、もっとも悪評高いのが、第二十五代・武烈天皇であることに異論を挟む方は少ないだろう。何しろ、『日本書紀』には「**頻りに諸悪を造し、一善も修めたまはず（悪いことばかりして、いいことは何もしなかった）**」とまで書かれているのだ。

武烈天皇の行いは、即位する前から、かなり激しい。皇太子時代、豪族の物部麁鹿火《あらかび》の娘と婚約をしようとするが、娘は大臣だった平群《へぐり》真鳥《のまとり》の息子である平群鮪《しび》と通じていた。そんななか、鮪との歌垣における歌合戦に敗れた皇太子は怒りのあまり、鮪を謀殺し、父の真鳥大臣をも討伐させてしまう。

真鳥大臣親子の殺害は、皇太子時代の武烈天皇が女を取られた嫉妬によるものと見るのが一番自然だろう。もっとも、武烈天皇の父である第二十四代・仁賢《にんけん》天皇の崩御後、真鳥大臣が国政をほしいままにしていたという記述もあるので、武烈天皇の行動に一分の理がないわけではない。だが、即位後の行いは、いい訳のしようがないほど酷《ひど》い。

たとえば、**妊婦の腹を裂いて、胎児を見ようとする。人の爪を剝《は》いでから、素手で芋を掘ら**

武烈天皇陵とされている傍丘磐坏丘北陵(かたおかのいわつきのおかのきたのみささぎ)奈良県香芝市

せる。人を木に登らせて、それを弓矢で撃ち落として遊ぶ、等々。こんな悪逆非道な天皇は、後にも先にも武烈天皇しかいない。ちなみに、武烈天皇の生年、在位期間には諸説あるが、**一説には10歳で即位し、18歳で崩御したという。**これが事実ならば、非道な行いは十代でやったことになり、まさに荒れる若者といったところだろう。

さらに武烈天皇が異例だったのは、**跡継ぎを残さず、急死してしまったということだ。**このことで、ヤマト王権は大混乱に陥る。

ただ、天皇でありながら、ここまで悪しざまに書かれるというのは、逆に異様な感じもする。それゆえ、実際の武烈天皇はそこまで悪人ではなく、意図的に貶《おとし》められたという説もある。それについては、継体天皇に関して触れた次の項目で詳しく解説する。

MYSTERY
021
5代も間を空けて即位した天皇がいる?

第二十五代・武烈天皇が跡継ぎを残さずに崩御してしまい、皇室周辺にも適した人物がいなかったためヤマト王権は混乱状態に陥った。大連《おおむらじ》や大臣《おおおみ》といった政権中枢部にいた者たちが協議した結果、最初に天皇候補として選ばれたのは、第十四代・仲哀天皇の5代あとの子孫で丹後国桑田郡に暮らしていた倭彦王《やまとひこのおおきみ》だった。だが、**倭彦王は自分を迎えにきた兵を見て、敵が攻めて来たと勘違いし、山奥に隠れて行方不明になってしまう。**

次に候補として選ばれたのが、第十五代・応神天皇の、これまた5代あとの子孫で、**越前国(現在の福井県)で暮らしていた男大迹王《をほどのおおきみ》だった。**男大迹王は熟考した末に、天皇になることを決意。こうして、第二十六代・継体天皇が誕生する。

最初の候補だった倭彦王にしろ、継体天皇にしろ、**天皇の5代もあとの子孫といえば、遠縁も遠縁である。**当時の政治の中心地であった大和国(現在の奈良県)に居住していなかったことからも、いかに傍流の血筋だったがよくわかる。それどころか、**継体天皇は、それ以前の天皇家とは、まったく血が繋がっていないという説も根強く語られている。**応神天皇と継体天皇

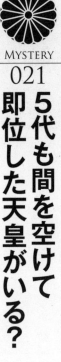

を繋ぐ系図は現在失われており、正確な系譜はたどれなくなっている。さらに、継体天皇は河内（現在の大阪府）で即位しており、大和に入るのは即位からなんと19年後のことなのだ。

これらのことから、**継体天皇は河内から越前にかけて勢力を誇っていた地方の有力豪族であり、継体天皇の代から、それまでとはまったく違う新王朝が開かれたのだとも言われている。**だが、『古事記』や『日本書紀』の作者たちは、皇室が神話の時代から一貫して継続していることにしたかったため、継体天皇を強引に応神天皇の子孫としたというのだ。『日本書紀』のなかで武烈天皇が悪逆非道に描かれていることも、これならば納得がいく。前の天皇を極悪人ということにしておけば、権力の移行に多少不自然さがあっても、多くの人は疑念を抱かないだろうということである。

このように、**古代の天皇家には何度か断絶があり、いくつかの王朝が交代してきたという考え方を「王朝交代説」という。**一説には、初代・神武天皇から第九代・開化天皇は架空の存在であり、第十代・崇神天皇が本当の初代天皇で、これが第一の王朝。第十六代の仁徳天皇でまた違う勢力が権力を握り、第二の王朝が開かれる。そして、第二十六代の継体天皇で王朝交代が起こり、現在の皇室はこの継体王朝の系譜に連なっているともいう。

もちろん、神武天皇から現代まで皇室の血統が繋がっているのを立証するのが不可能なのと同じように、「王朝交代説」も、ほぼ立証不可能だ。また、もし継体天皇から始まっているにしても、日本の皇室が現在も続く最古の王朝であることに変わりはない。

MYSTERY 022

理由は書きづらかったから？『古事記』で詳細不明な10人の天皇

第二代・綏靖天皇から第九代・開化天皇までの8人の天皇について、『古事記』『日本書紀』ともに系譜だけを記載しており、何をやったのかという事績がほとんど書かれていないという「欠史八代」については、別の項目（36ページ）で解説した。その「欠史八代」とはまた別に、第二十四代・仁賢天皇から第三十三代・推古天皇までの10人の天皇にかんして、『日本書紀』には系譜、事績ともに記載されているが、『古事記』には、どういうわけか系譜のみで事績がいっさい記載されていない。これを、「欠史十代」という。ちなみに、『古事記』の記述は、推古天皇の代で終わっている。

『古事記』に10人の天皇の事績が記載されていない理由については諸説あり、結論は出ていない。一番単純な理由としては、『古事記』とは文字通り、古い時代に起きたことを記した書物であり、10人の天皇の治世は比較的新しい出来事だったからというものだ。『古事記』が完成した8世紀初頭から見て、「欠史十代」の天皇の治世は100～200年前にあたる。

また、『古事記』が書かれた時期から近い時代であるため、関係者の子や孫などがまだ生きており、利害関係が絡んでしまうために書きづらかったとも考えられる。そのようなしがらみがなくても、**「欠史十代」の天皇は治世が極端に短かったり、即位の経緯に不明な点があったり、悪評が高かったりと、非常に書きづらい天皇が多いのは確かだ。**国史である『日本書紀』では触れないわけにはいかないが、ある種の物語である『古事記』のほうは、スルーしたとも考えられる。

「欠史十代」の天皇の事績が書きづらい点をいくつかあげると、第二十四代・仁賢天皇は父親を第二十一代・雄略天皇に殺されている。第二十五代・武烈天皇の悪評については別の項目（50ページ）で触れた通りだ。続く、第二十六代・継体天皇の即位の経緯に曖昧な点があることも、前の項目で触れた通りである。

第二十七代・安閑天皇、第二十八代・宣化天皇、第三十一代・用明天皇、第三十二代・崇峻天皇は、揃って在位が2～5年と極端に短い。崇峻天皇にいたっては、**臣下の蘇我馬子に暗殺されている。**天皇が臣下に殺されたことが確定しているのは、日本の歴史上、この崇峻天皇の一件のみだ。さらに、**第三十三代・推古天皇は皇族による強姦未遂事件の被害者である。**これでは、『古事記』の作者が書き渋ったのも理解できなくもない。

もうひとつ別の理由をあげれば、「欠史十代」の時代は、日本が朝鮮半島への影響力を失いつつあった時代である。国内向けに天皇の権威を高めるために書かれたとされる『古事記』が、この時代の天皇に触れず、推古天皇で記述を終えているのは自然なことなのかもしれない。

MYSTERY
023
聖徳太子とは厩戸皇子ではなく蘇我馬子のことだった？

6世紀末から7世紀初頭にかけて天皇の政治を補佐したとされる聖徳太子の名前を、聞いたことがないという人はいないはずだ。**冠位十二階や十七条憲法を定め、天皇を中心とした国家体制を確立し、中国に遣隋使を送り、仏教を取り入れた**などの業績は小学校の教科書にも載っている。また、ある程度年齢の高い人なら、一万円札の肖像としてもなじみが深いだろう。聖徳太子は戦前戦後を通して計7回も紙幣の肖像として採用されており、これは最多を誇る。

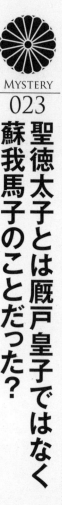

もっとも、聖徳太子というのは後世贈られた名で、本名は厩戸《うまやと》という。第三十一代・用明天皇の第二皇子であり、そこから厩戸皇子とも呼ばれていた。そんな日本史上の有名人である聖徳太子だが、じつは実在していなかったという説が20世紀後半ぐらいから一定の支持を集めるようになっている。

「聖徳太子虚構説」で注意すべきは、**用明天皇の子である厩戸皇子という皇族は実在したが、それと聖徳太子の業績とされるものとは無関係としている点である。**聖徳太子に関する記述は『日本書紀』にあるが、『日本書紀』が書かれたのは太子の死後のことである。生前の同時代的

哲学堂公園(東京都中野区)の聖徳太子像

な史料は、何も残されていないのだ。
　では、冠位十二階や十七条憲法をはじめとする聖徳太子の業績とされるものを、いったい誰が行ったのかということになるが、それについては諸説ある。聖徳太子と協力して政務を進めたとされる大臣の蘇我馬子という説もあるし、馬子の子・善徳とも、孫の入鹿の業績という説もある。全体的に共通しているのは、厩戸皇子の生きていた時代に絶大な権力を誇った、有力豪族の蘇我氏の業績ということだ。
　蘇我氏は、645（大化元）年に起きた「乙巳の変」で中大兄皇子（天智天皇）に討たれ没落した。そして、『日本書紀』の編纂は、その天智天皇の弟の天武天皇の命がきっかけとなっている。それゆえ、**『日本書紀』のなかで蘇我氏の功績を書かずに済ませるため、聖徳太子という虚構の人物を作り上げたのかもしれない。**

MYSTERY
024

実在したことが確実といえる最初の天皇は誰？

ここまで第一章を読んでいただいたならおわかりのように、初期の天皇はその実在性が曖昧なことが多い。それでは、実在したことが確実といえる最初の天皇は誰なのだろうか？

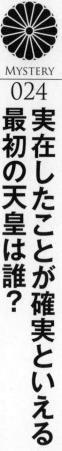

それについては諸説あるが、**第十代の崇神天皇からは実在していたという説は、かなり有力視されている。**神武天皇の項目（32ページ）でも解説したように、崇神天皇は神武天皇と同じ御肇國天皇という「この国を治めた最初の天皇」という意味の名前を持っている。つまり、崇神天皇から天皇が始まったということだ。そうならば、崇神天皇の前の8人の天皇の事績がほぼ記録されていないという「欠史八代」の問題も、非常に納得がいく。

ほかにも崇神天皇の実在を間接的に証明するものがある。1968年に埼玉県の稲荷山古墳から出土した5世紀の鉄剣には、オホヒコ（意富比垝）という人物からの8代の系譜と、ワカタケル（獲加多支鹵）大王の名が刻まれていた。オホヒコは、崇神天皇が日本各地を平定するために派遣した四道将軍の一人であるオオヒコ（大彦命）と同じ人物であると考えられている。大彦命は8世紀に書かれた『日本書紀』では、第八代・孝元天皇の第一皇子ということになっているが、5世紀製の鉄剣にはそのことはいっさい触れられていない。これらのことから、孝元天皇は後世の創作だが、**鉄剣によって大彦命の実在が証明されたとするなら、大彦命が仕えた崇神天皇も自動的に実在したことになる。**ちなみに、ワカタケルというのは第二十一代・雄略天皇のことなので、雄略天皇が実在したことも、ほぼ確実だ。

崇神天皇の実在を証明するものは国内の資料だけだが、**外国の資料によって、ある程度実在が証明されている天皇もいる。**中国の歴史書である『宋書』や『梁書《りょうしょ》』には、5～6世紀にかけて、讃、珍、済、興、武という5人の日本の王が中国に朝貢したと記録されている。**この最初にある讃という王は、年代から見て第十五代・応神天皇とも考えられるのだ**（ほかに、第十六代・仁徳天皇説や第十七代・履《り》中《ちゅう》天皇説もある）。また、『日本書紀』には、応神天皇の治世3年目に百済の辰斯王《しんしおう》が死去したと記載されているが、高麗の歴史書『三国史記』にも３９２年に辰斯王が死去したと記載されている。そのほか、『日本書紀』の応神天皇に関する記述と『三国史記』の記述には合致する点が多い（ただし、『三国史記』が書かれたのは12世紀）。これらのことから、応神天皇を実在したと確実にいえる最初の天皇とする説もある。

それ以外では、鉄剣に名前のある雄略天皇を除き、初代から第二十五代・武烈天皇までの天皇の実在は立証できず、第二十六代・継体天皇が確実にいたといえる最初の天皇という意見もある。現在の皇室の系譜の始祖ともいわれる**継体天皇の実在を疑う説は、ほぼ存在しないので、継体天皇こそが歴史学的に実在が確実視される最古の天皇**といっても間違いではないだろう。

■歴代天皇一覧

代	天皇
1	神武天皇
2	綏靖天皇
3	安寧天皇
4	懿徳天皇
5	孝昭天皇
6	孝安天皇
7	孝霊天皇
8	孝元天皇
9	開化天皇
10	崇神天皇
11	垂仁天皇
12	景行天皇
13	成務天皇
14	仲哀天皇
15	応神天皇
16	仁徳天皇
17	履中天皇
18	反正天皇
19	允恭天皇
20	安康天皇
21	雄略天皇
22	清寧天皇
23	顕宗天皇
24	仁賢天皇
25	武烈天皇
26	継体天皇
27	安閑天皇
28	宣化天皇
29	欽明天皇
30	敏達天皇
31	用明天皇
32	崇峻天皇
33	推古天皇
34	舒明天皇
35	皇極天皇
36	孝徳天皇
37	斉明天皇
38	天智天皇
39	弘文天皇
40	天武天皇
41	持統天皇
42	文武天皇

代	天皇
43	元明天皇
44	元正天皇
45	聖武天皇
46	孝謙天皇
47	淳仁天皇
48	称徳天皇
49	光仁天皇
50	桓武天皇
51	平城天皇
52	嵯峨天皇
53	淳和天皇
54	仁明天皇
55	文徳天皇
56	清和天皇
57	陽成天皇
58	光孝天皇
59	宇多天皇
60	醍醐天皇
61	朱雀天皇
62	村上天皇
63	冷泉天皇
64	円融天皇
65	花山天皇
66	一条天皇
67	三条天皇
68	後一条天皇
69	後朱雀天皇
70	後冷泉天皇
71	後三条天皇
72	白河天皇
73	堀河天皇
74	鳥羽天皇
75	崇徳天皇
76	近衛天皇
77	後白河天皇
78	二条天皇
79	六条天皇
80	高倉天皇
81	安徳天皇
82	後鳥羽天皇
83	土御門天皇
84	順徳天皇

代	天皇
85	仲恭天皇
86	後堀河天皇
87	四条天皇
88	後嵯峨天皇
89	後深草天皇
90	亀山天皇
91	後宇多天皇
92	伏見天皇
93	後伏見天皇
94	後二条天皇
95	花園天皇
96	後醍醐天皇
97	後村上天皇
98	長慶天皇
99	後亀山天皇
100	後小松天皇
101	称光天皇
102	後花園天皇
103	後土御門天皇
104	後柏原天皇
105	後奈良天皇
106	正親町天皇
107	後陽成天皇
108	後水尾天皇
109	明正天皇
110	後光明天皇
111	後西天皇
112	霊元天皇
113	東山天皇
114	中御門天皇
115	桜町天皇
116	桃園天皇
117	後桜町天皇
118	後桃園天皇
119	光格天皇
120	仁孝天皇
121	孝明天皇
122	明治天皇
123	大正天皇
124	昭和天皇
125	今上天皇

第二章

天皇家と歴史

MYSTERY
025

王でも皇帝でもない日本だけの呼び方「天皇」という尊称はいつから使われている？

日本で、天皇という称号を初めて使用したのは、40代天武天皇といわれている。41代持統天皇という説もあるが、いずれにせよ7世紀後半あたりからと考えられる。奈良時代になり、皇族から文章博士《もんじょうはかせ》となった**淡海三船《おうみのみふね》が、初代の神武天皇からさかのぼって一括撰進《いっかつせんしん》した**という。歴代天皇が「天皇」の号を持つようになったのはこのときからともいえるだろう。

それ以前に天皇を指す言葉としては「大王、皇（おおきみ）」があった。「すめらぎ」「すべらぎ」「すめみまのみこと」、「すめらみこと」などといった呼び方もあったようだ。大陸からは、中国皇帝の支配体制のもとで「倭王（わおう）」と呼ばれていた。

701（大宝元）年の大宝律令のとき、「日本」という国号が定められ、改訂した養老律令で天皇の呼称についても規定された。祭祀などでは「天子」、詔書などに署名する場合は「天皇」、華夷（中国や異民族）に対しては「皇帝」、臣下が文書を上表するときは「陛下」を使うこととなっている。ややこしいが、最初は文書用の呼称だったといえるだろう。天皇は、古典的仮名遣いでは「てんわう」だが、年代が進むにつれて現在の「てんのう」に変わったようだ。

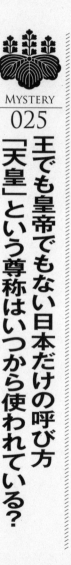

天子は天津神の子の意味、皇帝は中国皇帝と対等であることを表明したもの。陛下というのは、上表の際に階段の下にいる取次役を通さなければならなかったためだ。

肝心の天皇という言葉の由来には諸説ある。中国の古代神話には、万物の創造主として三皇（天皇《てんこう》・地皇《ちこう》・人皇《じんこう》）の名がある。また、北極星を祀る北辰《ほくしん》北斗《ほくと》信仰では、北極星を天皇大帝と神格化している。いずれも道教由来で、唐の3代皇帝・高宗《こうそう》が天皇と称したことがある。日本では天武天皇の時代なので、それにならったとも考えられる。北辰北斗信仰の天皇大帝を、天候と農業を司る天皇の役目と結びつけた可能性もある。その後、中国では高宗の后であった則天武后《そくてんぶこう》が実権を握り、玄宗の代で使われなくなったが、日本では残ることとなった。

ただ、**この天皇という尊称は、鎌倉時代から幕末までほとんど使われなかった。**歴代天皇を「天皇」と呼ぶようになったのは明治時代以降のことだ。それまでは、退位した天皇が院政をしいたことから「院」をつけ、崩御したのちも○○院と呼ばれていた。

そもそも天皇とは、崩御後に贈られる「諡号《しごう》」のこと。したがって明治天皇や昭和天皇も、存命中は呼ばれていない。では、在位中の天皇は何と呼ばれていたのか？

古来より、天皇の名は、口に出すことも畏《おそ》れ多いと考えられていた。そこで、「天子さま」「帝（みかど）」「主上（おかみ、しゅじょう）」などさまざまな呼び方がされた。みかどとは天皇の住む御所の衛門（みかど）のことで、禁裏、内裏《だいり》など、御所を指す言葉が、天皇を指す意味でも使われていた。さまざまな尊称のうち、「陛下」が現在でも残っている。

MYSTERY 026

錦の御旗にも描かれた天皇家の家紋菊の御紋はいつから使われている？

戊辰《ぼしん》戦争の火蓋を切った1868（慶応4）年の鳥羽・伏見の戦い。劣勢の薩長軍が幕府軍を圧倒する原動力になったといわれるのが錦の御旗だ。皇室の紋章である菊の御紋が描かれた旗を前面に押し立てた薩長軍は、天皇に認められた官軍とのお墨付きを得た。逆に、この旗に刀を向けたものは朝敵となってしまうため、幕府軍の戦意は大きく低下したという。

この菊の御紋は、1869（明治2）年の太政官布告によって、正式に皇室の紋章として定められた。皇室以外の使用に制限がかけられるいっぽう、日本の象徴として、戦時中の銃器や艦船には菊紋が刻まれた。健康への配慮から2006（平成18）年に廃止されたが、戦時中は兵士に、戦後も園遊会などで下賜された「恩賜《おんし》のたばこ」を覚えている人もいるだろう。現在でも、日本国のパスポートには菊の紋章が描かれている。

厳密にいえば、皇室の菊紋とパスポートの菊紋はデザインが違う。皇室の菊紋は、16枚の花弁が重なりあった八重菊を正面からみたもので**「十六八重表菊《じゅうろくやえおもてぎく》」**という。いっぽうで、パスポートの菊紋は「十六一重表菊」といい、花弁が重なっていない簡略化されたものだ。

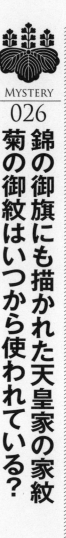

宮家が使う紋章も、花弁を2枚少なくした「十四菊」や、菊を裏から見た「十六裏菊」などをもとにデザインされている。皇室の十六八重表菊に遠慮したものといえるだろう。

そもそも、菊紋自体は、古くから貴族や武士などが使用した定番のデザインだ。桜と同じく中国から渡ってきた花で、平安時代には春の桜に対する秋の花として定着した。菊には邪気を祓い、長寿になる効果があるとされ、9月9日の菊の節句（重陽）には宮中で宴が開かれた。

そんな菊をこよなく愛したのが、82代後鳥羽天皇だ。**後鳥羽天皇は衣服や懐紙などにも菊紋を入れていた**という。そのため、ほかの貴族は次第に使用を控えるようになった。やがて、後鳥羽天皇以降の天皇も菊紋を使用したため、天皇専用の紋として定着していったようだ。

「十六一重表菊」の菊紋をあしらった日本国のパスポート

現在、日本では正式な国章が定まっていないが、「十六八重表菊」は国章に準じるものとして、各国の日本大使館の玄関に浮き彫りが置かれる。日本国内でも商標登録が禁じられているが、「工業所有権の保護に関するパリ条約」によって、国際的にも保護されている。また、日本政府の紋章としては、3枚の葉の上の中央に7つ、両端に5つの花がついた「五七桐花紋《ごしちとうかもん》」が使われている。

MYSTERY
027
古代皇室は母親が違う兄弟姉妹なら近親結婚も許されていた？

現在、日本では3親等以内の血縁者は結婚が認められていないが、4親等のいとこ同士であれば可能だ。いっぽう、アメリカでは半数近い州で、いとこ同士であっても結婚が認められない。近親婚の定義は、国や時代ごとで大きく違う。

古代日本の皇室は、兄弟姉妹の結婚もめずらしいことではなかった。とはいえ、これは日本に限らず、世界中で行われていたことでもあった。

古代エジプトでは、王は姉や妹と結婚するのが通例だった。有名なクレオパトラも、弟のプトレマイオス13世と結婚。夫が死ぬと、もうひとりの弟のプトレマイオス14世を夫に迎えた。ゾロアスター教では、親子や兄弟姉妹での結婚が最大の善行のひとつに数えられている。

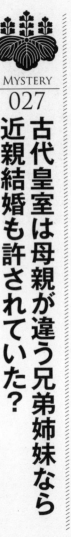

ヨーロッパでは、カトリックの教えによって近親婚は禁止されていた。しかし、互いに娘を相手に送りあい、その子同士を結婚させるなど近親婚が進み、ヨーロッパ各国の王室は、親戚同士ということが多い。ハプスブルク家などはその代表といえるだろう。

高貴な血筋を保つためには、結婚相手にもそれなりの身分が求められる。王と並ぶ身分のものといえば王族しかいない。限られたなかから選ぶしかない、という事情もあったといえる。

日本の場合、**初の女性天皇であった33代推古天皇の夫は30代敏達《びだつ》天皇だが、どちらも29代欽《きん》明《めい》天皇の子だ。同じく推古天皇の兄弟である31代用明天皇も、腹違いの妹と結婚し聖徳太子が生まれている。**奈良時代あたりまでは、当たり前のことだったといえる。ただし、兄妹姉妹の結婚が許されるのは母親が違う場合で、母親が同じ場合はタブーとなったようだ。

19代允恭《いんぎょう》天皇の時代、第一皇子の木梨軽皇子《きなしかるのみこ》が、同母妹の軽大娘皇女《かるのおおいらつめ》と情を通じていることが発覚。木梨軽皇子は皇太子の座を剝奪され、伊予国（愛媛県）に流罪となった。ところが、木梨軽皇子と引き離された軽大娘皇女は、兄への想いを募らせるあまり単身海を渡り、苦難の末に再会を果たす。ふたりは結ばれたものの、けっして許されない禁断の恋であることを悲観し心中してしまう。記紀のなかでも、もっとも悲しい恋の物語が『古事記』に残る。

『日本書紀』では、第二皇子の穴穂皇子《あなほのみこ》が木梨軽皇子を討ち、20代安康天皇になったという。皇統は父系で継がれるが、子は母親に属するものと考えられていたことがわかるだろう。

その後、蘇我氏や藤原氏などの重臣が、娘を嫁がせて外戚として力を持つようになり、平安時代以降は、皇族以外では藤原氏を祖とする五摂家から皇后を選ぶことになった。**近親婚がより厳しく忌避されるようになったのは、江戸時代以降のことだといえる。**

もっとも、身分が重要視されたのはあくまでも皇后。側室には皇后の女官など身分の低いものもいた。皇位は側室との子が継ぐことも多く、必ずしも血が濃くなるわけではなかった。

MYSTERY
028

古くから大陸とも交流のあった日本 桓武天皇の母は渡来人の子孫？

「天皇は渡来人の子孫」という説がたびたび持ち上がり物議をかもしている。古来、中国大陸や朝鮮半島から多くの渡来人がやってきて大和民族と結びつき、子孫を増やしていった。代を重ね、ほとんどの日本人には、少なからず渡来人の血が入っているといえるだろう。

渡来人の多くは、技術者や僧侶、亡命者などだ。彼らは大和朝廷に仕え、当時の先進技術であった大陸の製鉄・農耕・文化などを伝え、国家体制の構築という面でも大きな働きをした。

大陸系では、秦《はた》氏《うじ》、東漢《やまとのあや》氏《うじ》などが朝廷の要職に就いていた。朝鮮半島でも、南部の百済や任《みま》那《な》とは古くから親交を結んでいた。百済が新羅に滅ぼされたときは出兵（白村江の戦い）し、惨敗したものの多くの百済貴族を亡命者として受け入れた。また、同じく新羅に滅ぼされた高句麗の遺民も受け入れ、駿河などに住む高麗人を集めて高麗《こま》郡（埼玉県中南部）を新設した。

兵庫県の**出石《いずし》神社に祀られる天日《あめのひ》槍命《ぼこのみこと》は、もとは新羅の王子だった**という。日本に渡り、玉や槍、刀、鏡などの神宝を献上して11代垂仁天皇に仕えたとされる。『古事記』と『日本書紀』では記述が違うものの、製鉄技術などをもたらした渡来人を神格化したものと考えられている。

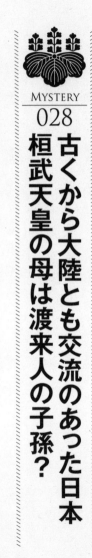

この天日槍命の子孫に、14代仲哀天皇の后となった神功皇后がいる。神功皇后は15代応神天皇の母であり、ここで日本に定住する渡来人の子孫と天皇との婚姻が成立した。

もっとも、神功皇后は存在が確認されておらず、神話の枠を出ない。確実といえるのは、50代桓武天皇の母である高野新笠《たかののにいがさ》だろう。高野新笠の父方の祖先は百済25代王の武寧王《ぶねいおう》だったという。武寧王は日本と関係が深く、四書五経に通じる五経博士を日本に送った人物だ。

この武寧王の子である純陀太子《じゅんだたいし》が渡来して日本で死去し、子孫が天皇から和史《やまとのふひと》の氏姓を与えられたという。和氏《やまとうじ》は代々武寧王の末と称しており、新笠はその10代子孫にあたる。

新笠は、天智天皇の孫にあたる白壁《しらかべ》王の側室となっていた。しかし、当時天武天皇の直系が途絶えたことから、天武天皇系の井上《いのえ》内親王を皇后に迎えた白壁王が、49代光仁天皇に即位した。このため、側室の新笠も従三位となり高野姓を与えられている。

本来、側室である新笠は皇后にはなれない立場だった。しかし、息子の桓武天皇が即位したことから、天皇の母ということで死後に太皇太后を追贈された。

桓武天皇の子は、51代平城天皇、52代嵯峨《さが》天皇、53代淳和《じゅんな》天皇となった。そして、第三皇子の葛原親王の子が臣籍降下して平氏の祖となり、嵯峨天皇の子が嵯峨源氏の祖となった。

２００１（平成13）年の天皇誕生日、翌年開催予定だったサッカーワールドカップ日韓共催に関する質問に、陛下は**「桓武天皇の生母が百済の武寧王の子孫であると、『続日本紀』に記されていることに、韓国とのゆかりを感じています」**と御発言されている。

MYSTERY

029

たびたび持ち上がる継承問題 皇統断絶の危機は何度もあった？

『皇室典範』により、皇統は男系男子によって継承することが定められている。今後、皇子の出生がなかった場合のことを心配する声は少なくない。

もっとも、１２５代の間には、何度も皇統断絶の危機を迎えている。直系の男系皇族がいなかった場合、皇太子が幼すぎる場合など、理由はさまざまだ。朝廷ではその都度、祖先をさかのぼって近親者を探し出したり、女性天皇を中継ぎに立てるなどの対応でしのいできた。

21代雄略天皇は、ライバルを減らすために皇族の大量粛清を行った。ところが、雄略天皇の跡を継いだ22代清寧《せいねい》天皇は、生まれながらに白髪で体が弱く皇子がいなかった。そこで捜索した結果、雄略天皇のいとこの市辺押磐皇子《いちのへのおしはのみこ》が、粛清を逃れて播磨に２人の男子を残していることがわかった。その兄弟のうち、兄が23代顕宗《けんぞう》天皇、弟が24代仁賢天皇となっている。

ところが、仁賢天皇の子である25代武烈天皇が、再び跡継ぎがないまま崩御してしまう。朝廷では対応に苦慮した末、雄略天皇よりもさらにさかのぼり、15代応神天皇の5代子孫である男大迹王《をほどのおおきみ》を迎え、武烈天皇の妹の手白香皇女《たしらかのひめみこ》を皇后として26代継体天皇とした。

この即位は、応神天皇の5代子孫という系図が不明なため、疑問の声も出ている。男系による万世一系はいちど途絶え、継体天皇から再び始まったという説もある。継体天皇から数えても、世界最古の王朝であることは確かだが、その後も皇位継承問題はなくならなかった。

６７２（天武天皇元）年に起こった「壬申《じんしん》の乱」では、38代天智天皇（中大兄皇子）の弟の大海人皇子《おおあまのみこ》と、皇太子の大友皇子《おおとものみこ》が戦った。勝った大海人皇子は、大友皇子を39代弘文天皇に追贈し、40代天武天皇として即位した。ところが、天武天皇系は女帝の48代称徳天皇で途絶えてしまう。このため、天智天皇の孫にあたる白壁王が、49代光仁天皇に即位した。天武天皇が天智系の皇族を一斉に粛清していたら、皇統が途絶えていた可能性もあったのだ。

鎌倉時代に入ると、89代後深草《ごふかくさ》天皇の持明院統と、その弟で90代亀山天皇の大覚寺統とが交互に皇位を継承する両統迭立《りょうとうてつりつ》が行われた。このいびつな皇位継承は、のちに皇統が南北に分裂する南北朝時代を招く要因にもなった。

足利義満によって南北合一が成されると、以後は安定したかに見えた。しかし、江戸時代後期、１１８代後桃園《ごももぞの》天皇が男子を残さないまま崩御すると、再び皇統断絶の危機が訪れた。しかし、事態を予見した新井白石らの尽力で、１１３代東山天皇の第6皇子による閑院宮《かんいんのみや》が立てられていた。この閑院宮から１１９代光格天皇が迎えられ、皇統は保たれたのだ。**今上天皇は、この閑院宮の系統にあたる。**皇位継承権を持つ宮家としては、伏見宮《ふしみのみや》、桂宮《かつらのみや》、有栖川宮《ありすがわのみや》、閑院宮の4家が存在したが、明治維新後から終戦ごろにかけて廃止された。

MYSTERY

030

臣下にはできなかった帝位簒奪 天皇に即位しかけた僧侶がいた？

日本で天皇の皇位継承が続いてきたのは、時の権力者が天皇の地位を侵さなかったことも大きい。外戚として皇室に影響力を持った者はいても、形式上は臣下の礼をとった。

室町幕府の3代将軍足利義満は、天皇の地位を望んでいたともいわれるが、死後に上皇の位を贈られるも、幕府は辞退している。戦国時代に天下布武を提唱した織田信長は、天皇を廃そうとしていたといわれ、明智光秀が本能寺の変を起こした理由のひとつにも数えられる。ただ、実際に天皇制の廃止を計画していたという証拠もなく、陰謀論の域を出ない。

勝手に天皇を名乗っても、朝臣や世間の支持は得られない。新皇を名乗った平将門も、直後に戦いに敗れている。皇位継承争いは、あくまで皇族間で行われるものだった。

そんななか、**もう少しで天皇になりそうだったのが、奈良時代に権勢を誇った僧侶の道鏡だ。**河内（大阪府）の弓削《ゆげ》氏の出身で、禅僧として46代孝謙天皇に仕えた。

孝謙天皇は、いとこにあたる藤原仲麻呂を信頼し、仲麻呂の推挙により、天武天皇の孫にあたる大炊王《おおいおう》を皇太子とした。仲麻呂は大炊王と密接な関係にあり、権力を増大させていった。

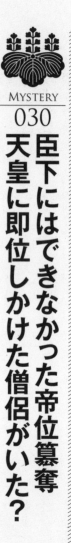

ところが、孝謙天皇が大炊王に譲位して47代淳仁《じゅんにん》天皇として即位すると、孝謙上皇と淳仁天皇の関係が悪化した。この原因となったといわれるのが道鏡だ。孝謙上皇は、平城京の改築のために近江（滋賀県）の保良宮《ほらのみや》に移った。そこで病に倒れたが、道鏡が祈禱を行い看病したところ、たちまち回復したことで孝謙上皇は道鏡を深く寵愛《ちょうあい》するようになった。

僧侶とはいえ、独身の上皇が男性を身近に侍らせていればさまざまな憶測を呼ぶ。淳仁天皇はたびたび上皇に意見したが、これが不興をこうむることになった。

仲麻呂との間にも亀裂が入り、ついには仲麻呂の反乱にまで発展する。この藤原仲麻呂の乱は鎮圧されたが、上皇は淳仁天皇を廃帝とし、みずから重祚《じゅうそ》（復位）して48代称徳天皇となった。天皇に返り咲いた称徳天皇は、道鏡を太政大臣禅師とし、さらに法王の位も与えた。道鏡の一族も朝廷で大きな力を持つようになった。

そして、７６９（神護景雲3）年、道鏡におもねる神官から、宇佐八幡宮で「道鏡を天皇の位につければ天下泰平になる」という託宣があったと称徳天皇に伝えられる。

道鏡に心酔しきっていた称徳天皇は、実際に天皇位を譲ろうとしかけたという。しかし、宇佐八幡に使者を派遣したところ、託宣は事実無根であることが発覚。称徳天皇は怒って使者を流罪にし、その後も道鏡を寵愛し続けたが、道鏡を天皇にすることはできなかった。そして翌年、称徳天皇が崩御したため、後ろ盾を失った道鏡は失脚した。寵臣に自分から皇位を譲ろうとしたのは、長い天皇の歴史のなかでもこの一件だけだ。

MYSTERY
031
御落胤説は人気のバロメーター平清盛も一休和尚も天皇の子？

天下人となった豊臣秀吉が、天皇の御落胤《らくいん》だったという話がある。これは事実ではないが、低い身分から成り上がった秀吉を権威付けしようという風説のひとつといえる。古来、天皇の御落胤という話はたびたび持ち上がり世間をにぎわせていた。

有名な御落胤説では、平清盛がいる。『平家物語』では、72代白河天皇に仕えた祇園女御（妹とも）が、身重のまま平忠盛に嫁いで生まれたのが清盛とされている。

平氏の祖先は50代桓武天皇にあたるので、広い意味では天皇の子孫であるが、すでに臣籍降下して身分は低かった。しかし、その後忠盛が昇殿を許され、清盛が後継者となると急激に平氏が力を伸ばした。これが「天皇の御落胤だから特別扱いを受けた」と考えられたのだ。

白河天皇自身、法皇となったのちも多くの愛妾を抱え、子どもを残していたという前歴があった。74代鳥羽天皇は、祖父の白河法皇から寵愛を受けていた待賢門院《たいけんもんいん》璋子《たまこ》を中宮としたが、璋子もすでに身重だったという。真実は不明ながら、鳥羽上皇はこの噂を信じ、75代崇徳天皇を生むと「叔父子」と呼んで蔑んだ。両者は当初から不仲で、鳥羽上皇が崩御したのち「保元の乱」が起きる要因のひとつとなった。

御落胤説は、当時から噂されてきたようで、公家の日記や史料にもそういった話が見える。傾向としては、身分の低いものや、本来は立場になかったものが急激な出世を果たすと、「本当は天皇の御落胤だから何らかの後押しがあったのでは？」と考えられやすい。本来は自分自身の実力があり、運にも恵まれた出世だったのかもしれない。しかし、封建制度のなかで、低い身分から出世を果たすのはそれだけ難しいことだった。御落胤説が出るのは、そんな嫉妬と尊敬の入り混じったものだったといえるだろう。藤原氏の繁栄を築いた藤原不比等、平安時代の空也上人なども、御落胤だったという話がある。

大抵は噂話の類だが、なかには信憑性《しんぴょう》が高いと思われるものもある。とんち話の「一休さん」でおなじみの**一休宗純は、100代後小松天皇の御落胤**といわれている。当時は継承権のない天皇の庶子は寺に預けられることが多かった。成長後も、破天荒な生き方を貫いた一休は、朝廷から大徳寺の住持に任命されており、後世の伝記でも御落胤だったとされている。

明治以降、直系の家系のみに限定されるようになったことで、御落胤説は見られなくなった。その後は、むしろ自分から御落胤を名乗る詐欺師が人を騙《かた》すための手口となってしまった。2003（平成15）年、**断絶したはずの有栖川宮の継承者を騙る男が、結婚披露宴を開いて多数の招待客から祝儀を騙しとったとして逮捕された。**披露宴には芸能人なども多数招待されて祝儀を出しており、ワイドショーを騒がせることとなった。

MYSTERY
032

平安時代後期に始まった院政 上皇は天皇よりエラかった？

今上天皇の生前退位が注目を浴び、退位後の称号ついても協議が進む。歴史上、**退位した天皇は「上皇」と呼ばれる。正しくは「太上天皇《だいじょう》」で、上皇は略称だ。出家した上皇は法皇となる。天皇と同じく崩御した後の追号で、生前は「院」と呼ばれていた。**しかし、平安時代後期から鎌倉時代にかけて、天皇よりも上皇が実権を持つ院政が行われていたことから、上皇という言葉を使わず、「前天皇」や「元天皇」など、別な称号を使用するべきだという声もある。

天皇が引退して後継者に皇位を譲ることを譲位という。日本では、35代皇極《こうぎょく》天皇から36代孝徳天皇への譲位が最初の例だが、41代持統天皇から42代文武《もんむ》天皇に譲位されたときに、初めて上皇の号が贈られた。どちらも女性天皇から男性天皇への皇位継承だ。

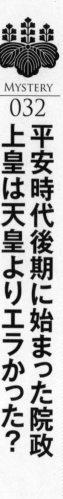

その後、在位中の天皇の崩御そのものが忌避され、崩御したあとの皇位継承争いを避けるという意味もあり、生前退位が当たり前となった。歴代上皇は、119代光格天皇まで59人にもなる。また、後高倉院など天皇の父として太上天皇を追号された例が4件ある。

本来、上皇には退位した天皇という意味しかなかったが、平安時代末期から上皇が政治的実権を持つようになった。奈良時代初期から、天皇を補佐する摂政と関白が実権を持つ摂関政治が行われてきた。大化の改新で功績のあった中臣鎌足の子孫が、藤原氏として朝廷内で実権を握っていたのだ。藤原氏は天皇の外戚となることで影響力を高め、皇位の継承も藤原氏の思惑が強く働いていた。天皇の政務を補佐する摂政と、天皇が幼少時に後見を務める関白は、藤原氏の系統である五摂家（近衛家・九条家・二条家・一条家・鷹《たか》司《つかさ》家）が独占した。

　これを打破し、皇権の復興を目指したのが71代後三条天皇だ。藤原氏の権力基盤は天皇の外戚であることだが、後三条天皇の生母は藤原氏ではなかったため後ろ盾がなかった。そのため後三条天皇は、大江《おおえの》匡房《まさふさ》や源《みなもとの》師房《もろふさ》といった、実力のある下級官吏を重用して改革を行い、実子の72代白河天皇に譲位したあとも実権を渡さなかった。

　白河天皇も、摂関家の影響を受けたが、**即位して6年後の1086（応徳3）年、わずか8歳の73代堀河天皇に譲位して上皇となった。**これが本格的な院政のスタートとされる。

　白河上皇は、幼い天皇を後見するという名目で、藤原氏の特権を削る政策を次々と打ち出した。父権社会のなかでは、天皇の父親という立場にはなかなか逆らうことはできない。母系を権力基盤とした藤原氏は衰退していくしかなかった。白河上皇は、堀河天皇に続いて74代鳥羽天皇、75代崇徳天皇と3代にわたって院政をしき、鳥羽上皇から77代後白河天皇へと受け継がれた。後白河上皇は出家して法皇となり、78代二条天皇から82代後鳥羽天皇まで、5代の長きにわたって権力を保持し続けた。

MYSTERY

033 複数の上皇がいても権力者はひとり 政権運営を担った「治天の君」って？

院政が隆盛を迎えた平安末期から鎌倉時代。上皇が権力を持つことで生まれたのが「治天《ちてん》の君」という言葉だ。文字通り天下を治める者という意味で、天皇自身が治天となることもあったが、主に院政によって政権運営を行う上皇のことを指す場合に使われることが多い。

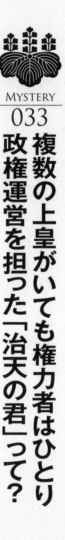

日本において家父長の権限は大きなもので、摂関藤原家においても、実際に摂政の地位にある者よりも、藤原氏の首長である藤氏《とうし》長者《ちょうじゃ》の意思が優先された。天皇の父である上皇の意思も天皇より優先されたことから、政治的実権も上皇が握ることになった。この父系による院政を維持するため、**治天の君には在位中の天皇の直系の父か祖父であることが求められた。**

85代仲恭《ちゅうきょう》天皇の時代、後鳥羽上皇、土御門上皇、順徳上皇と3人もの上皇が存在したが、治天として権力の座にあったのは、仲恭天皇の祖父である後鳥羽上皇だ。

しかし、こうなると面白くないのは、治天になれない上皇や天皇自身だ。実権は治天である上皇に奪われ、さらに皇位継承も自由にはできない。こういった不満から、**皇族の間で治天の座を巡る争いが起こるようになった。**75代崇徳天皇は、弟である近衛天皇、後白河天皇に譲位

■両統迭立の系図

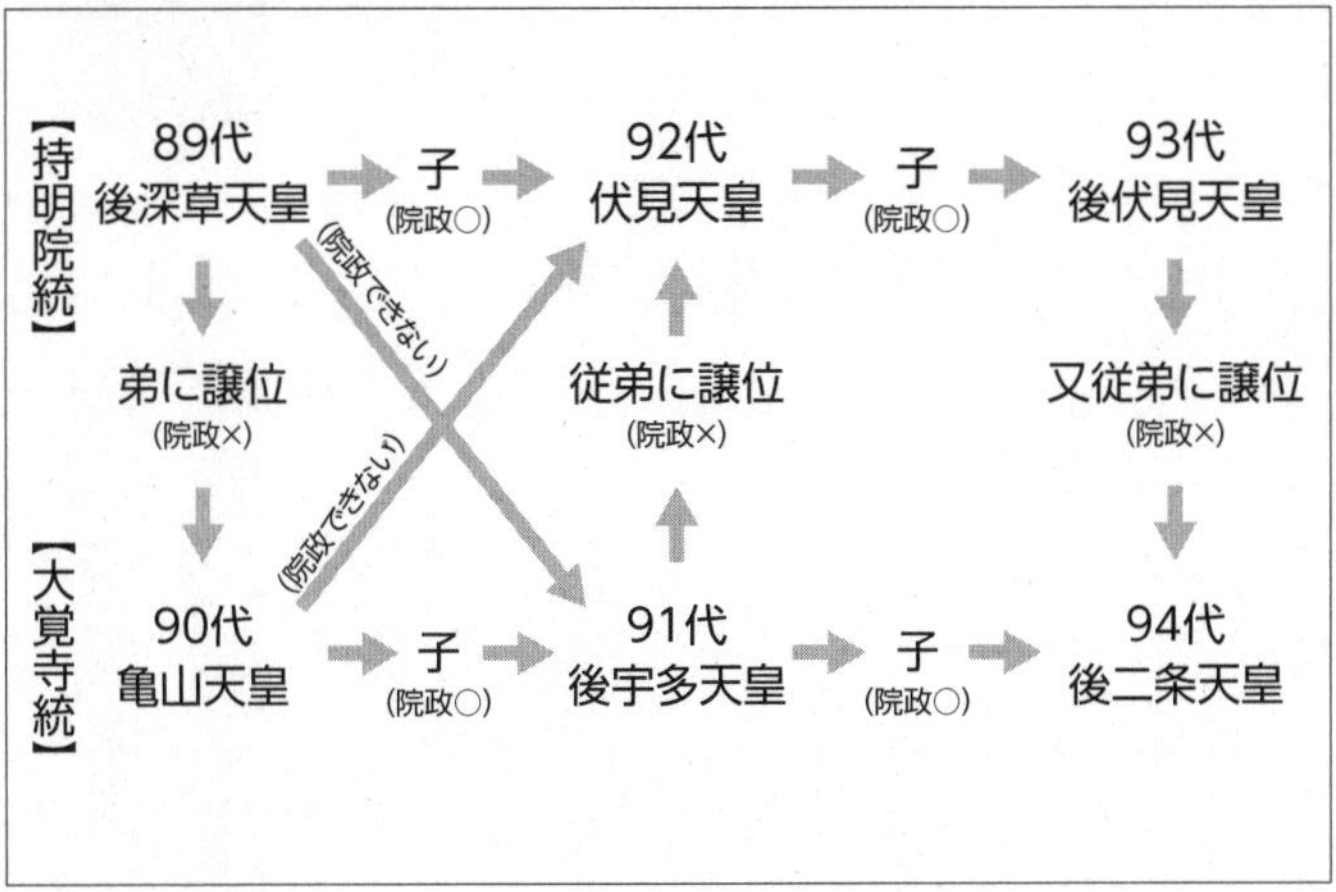

しなければならず、治天になれなかったことから「保元の乱」を起こしている。

　鎌倉時代になって、89代後深草天皇系の持明院統と、90代亀山天皇の大覚寺統で交互に皇位継承が行われた両統迭立も、後深草上皇が弟の亀山天皇に譲位したために、院政ができなかったことが発端だ。その後、亀山天皇の子である91代後宇多《ごうだ》天皇から、自分の子である92代伏見天皇への譲位に成功すると治天の座に就いた。94代後二条天皇のときには5人もの上皇が存在したが、治天の君になれたのは常に天皇の父の上皇だった。

　ただ、そんな治天の座をかけた争いも、96代後醍醐天皇が天皇自身による親政を目指したことで収束し、その後は武士に実権を奪われた。院政はその後も続いたが、権力は朝廷内に限定され、治天の君も有名無実化していった。

MYSTERY 034

神道を司る天皇と仏教・儒教の関係 幕末の尊王攘夷は儒教が広まったせい？

天皇は、日本古来の神を祀る祭祀長の役目を果たしていた。やがて、仏教が伝来して広まっていくと、天皇にも仏教の信者が増え、譲位して出家した天皇は法皇とも呼ばれた。いっぽうで、古来から伝えられてきた神道も捨てなかった。また、仏教よりも以前から日本には、大陸から道教や儒教が伝わっている。どちらも思想・学問として日本に定着したが、宗教的側面もある。道教は陰陽道などへと繋がり、儒教もまた神道や仏教と結びついていた。

こうした流れの中、江戸時代には儒家神道《じゅかしんとう》が形成された。江戸幕府は、儒教由来の朱子学と陽明学を基本学問とした。思想・学問として見た場合、序列を重視し、忠孝を軸とする道徳を説く儒教は為政者にとっても都合が良い。徳川家康の顧問となった儒学者の林《はやし》羅《ら》山《ざん》は、**儒教と神道は本来同じものであるとする「神儒一致思想《しんじゅいっちしそう》」**を提唱していった。

ただひとつの問題は、日本では最高位が天皇でありながら、実権は臣下である幕府の将軍が握っていることだった。これは、儒教の精神からは外れる。そこで、将軍はあくまでも天皇の代理であり、政権運営を任されているだけだと主張したのが、徳川御三家のひとつ水戸藩主・

水戸学を創始した徳川光圀。しかしその思想は後に倒幕運動と結びついてしまった

徳川光《みつ》圀《くに》だった。徳川家康の孫にあたる光圀は、学問に力を入れていた。そして、『大日本史』の編纂にあたり、明の遺臣の朱《しゅ》舜水《しゅんすい》を招聘《しょうへい》したほか、多くの学術研究者を集めて、儒学、国学、神道などを融合させた「水戸学」を創設した。

水戸学は、儒教だけではなく、天文学、暦学、算数、地理などまでまとめた総合学問だが、儒家神道をベースに、天皇を敬う気持ちと、将軍の持つ権威との折り合いをつけたといえるだろう。水戸藩も含めた大名は本来天皇の家臣だが、将軍家はその家臣団の代表なので「将軍に忠節を尽くすのは天皇に尽くすのと同じ」というわけだ。この水戸学が、**藩校の弘《こう》道《どう》館《かん》を通して代々受け継がれ、幕末に高まった尊王攘夷思想の源流となっていく。**尊王攘夷は倒幕のスローガンといった印象が強いが、原点は幕府側である徳川御三家から生まれたものだったのだ。

MYSTERY
035

禁中並公家諸法度で朝廷が弱体化 江戸時代は天皇より将軍のほうがエラい？

征夷《せいい》大将軍となった徳川家康は、朝廷の権威は認めつつも権力は持たせなかった。この方針に沿って、幕府は1615（慶長20）年に「禁中並公家諸法度《きんちゅうならびにくげしょはっと》」を公布した。それまで、公家に対する成文法はなかったものを、幕府が独自に定めて遵守を求めたのだ。

禁中並公家諸法度は、幕府だけではなく、前関白二条昭実《にじょうあきざね》との連名で出されたため、朝廷も拒むことはできなかった。しかし、天皇（禁中）まで諸法度の対象になることから反発も大きかった。108代後水尾《ごみずのお》天皇は、先代の後陽成天皇に疎まれ、幕府の推薦により即位できた。しかし、即位後には幕府とは対立路線をとっていた。

そんな**天皇と幕府の対立の象徴となったのが「紫衣事件《しえじけん》」**だ。徳のある僧に着用が許される紫の法衣は、勅許によって与えられる天皇の権限のひとつだった。紫衣を許す代わりに謝礼を得るのは朝廷の収入源でもあった。これに対し、幕府では紫衣の勅許が多すぎるとして、諸法度公布以前から控えるよう求めていた。ところが、その後も後水尾天皇が紫衣着用の勅許を与え続けた。そのため、幕府が勅許を無効として紫衣を取り上げ、反発した大徳寺住職の沢庵宗《たくあんそう》

■禁中並公家諸法度17ヵ条内容

- 天皇は学問の修養に専念すべき。
- 親王の席次は大臣より下座。
- 清華家の大臣引退後は親王より下座。
- 摂関家でも能力がなければ摂政・関白とし
ない。
- 高齢の摂政・関白でも能力があれば辞任は不用。
- 養子は同族から選ぶ。
- 公家の官位は武家の官位とは別。
- 改元は中国の年号から選ぶ。
- 礼服は大袖、小袖、裳、御紋十二象とする。
- 昇進は先例にならうが例外も認める。
- 関白などの命令に従わない公家は流罪。
- 罪の軽重は「律」によって決める。
- 摂関家の門跡は、親王の門跡より下座。
- 僧正には門跡、院家が先例にならって就任。
- 門跡、院家の僧階は先例に従う。
- 紫衣をふさわしくないものに与えない。
- 「上人」の号には勅許が必要。

彭《ほう》ら4人の僧侶を配流とした。この事件により、幕府の諸法度が天皇の勅許よりも優先されることが明確になり、天皇の力は大幅に弱められた。

幕府の介入が頻繁になったことで、ついには後水尾天皇が勝手に退位してしまったほどだ。

もっとも、天皇の権力を削《そ》ごうという動きは江戸幕府に限らず、鎌倉時代から行われていた。1221（承久3）年の「承久の乱」では、後鳥羽上皇の指揮する朝廷軍が幕府軍に大敗し、**85代仲恭天皇が廃帝とされ、後鳥羽上皇以下すべての上皇が流罪となっている。**

室町時代にも、3代将軍足利義満が南北に分裂していた朝廷をひとつにまとめると、朝廷への影響力を強め、改元にも幕府の許可を必要とした。また、明との勘合貿易に際しても「日本国王」を名乗り、冊封国との立場をとりながら莫大な利益を上げている。

MYSTERY 036

天皇は京都弁でしゃべっていた？公家が使う御所言葉と最高敬語

現代の皇族は東京で生まれ、標準語で話している。物腰は柔らかく丁寧な言葉遣いだが、一般人にも理解できる。いっぽうで、時代劇などでは「〇〇でおじゃる」などといった言葉遣いをしている。果たして天皇はどんな言葉を使っていたのだろう？

明治天皇以前、天皇が住む御所は京都にあった。**京都に住んでいたのなら、京都弁でしゃべっていたと考えるのが自然**だろう。むしろ日本の中心であった京都弁こそが、標準語だったともいえる。ただ、京都弁といっても、町民が使う言葉と公家が使う言葉には違いがあった。

京都弁として我々になじみのあるのは、町民が使っていた「町方言葉」。いっぽうで、宮家や公家は「御所言葉（公家言葉）」というものを使っていたようだ。公家言葉は、女房言葉ともいわれ、室町時代初期から、宮中に仕える女官たちの間で使われていた言葉だ。物腰が柔らかく、女性的な隠語表現が多いのが特徴だが、江戸時代には男性も使うようになり一般的になった。「おもちゃ」や「おかず」「しゃもじ」などは、公家言葉が一般化したものだ。

公家の言葉遣いの代表としては、一人称の「朕《ちん》」と「麻呂」が有名だ。朕は中国の皇帝が使用し、日本でも天皇の一人称となった。もっとも、文書に記載される言葉であり、日常的に使っていたのかは不明だ。昭和天皇は、終戦の玉音放送において「朕」を使ったが、これはあらかじめ書かれた文書を読み上げたためで、通常は「わたし」か「僕」を使用していたという。

麻呂は、柿本人《かきのもとのひと》麻呂《まろ》など人名に用いられることもあったが、もともとは男女身分の区別なく、誰もが使う一人称だった。「○○でおじゃる」などというのも同様だ。本来は「○○です」や「○○である」の丁寧語で、宮中だけで使われていたわけではなかったのだ。

「麻呂」や「おじゃる」が公家の言葉遣いの代表のようになったのは、歌舞伎など芝居の影響が大きいようだ。舞台で公家を登場させるとき、当時でも古い言葉遣いを、由緒のある公家の言葉として使ったのがきっかけのようだ。映画やドラマなどでも頻繁に使われるのは、町民とは別世界の宮中の言葉として表現するのに都合が良かったためだといえるだろう。

こうしてみると、天皇がどんな言葉でしゃべっていたのか、正確にはわからない。日本語が、時代と共に変化してきたように、宮中の言葉も変化してきたといえるだろう。

ところで、民間人が天皇に対した場合の言葉遣いにも決まりがある。誰でも目上の者には敬語で話すものだが、**天皇に対しては「最高敬語」というものがある**のだ。「○○あそばされる」や「あらせられる」などといった言葉を聞いたことがある人もいるだろう。天皇の写真を「御《ご》真《しん》影《えい》」、天皇の声を「玉音《ぎょくおん》」というのも最高敬語に属する。こちらも最近は廃《すた》れてきており、メディアなどでも通常の丁寧語が使われることが多い。

MYSTERY 037

外戚と群臣のパワーゲームの結果!? 飛鳥・奈良時代に女性天皇が多い理由

一時期、女系天皇が話題となったが、2006年に秋篠宮家に悠仁《ひさひと》親王が誕生したことで議論は棚上げとなった。とはいえ、男系の子孫であれば、女性が天皇に即位した例も少なくない。

これまでの女性天皇は10代8名になる。37代斉明天皇は35代皇極天皇が、46代孝謙天皇は48代称徳天皇が、重祚したものだ。一度皇位を退きながら復位しているのも女性天皇のみであり、いかに女性天皇が例外的な存在だったのかがわかるだろう。女性天皇は、**未婚者か崩御した天皇の后（男系天皇の血縁）から選ばれた**。また、即位中に婚姻を結んだ例もない。大抵は、次の皇位継承者がまだ幼い場合、成長するまでの中継ぎという意味合いが大きかった。重祚したのも、次の継承者が決まるまでの臨時天皇だった。

当時の政治的背景も大きい。とくに、継承候補者が複数いる場合、対立する陣営同士が妥協する形で選ばれることもあった。初めての女性天皇は33代推古天皇だが、当時の朝廷は蘇我氏の影響力が強く、蘇我氏が有力候補の押坂彦人大兄皇子《おしさかのひこひとのおおえのみこ》を嫌ったため、母が蘇我氏である推古天皇が選ばれたのだ。その後、蘇我氏と関係の深い竹田皇子《たけだのみこ》か厩戸皇子《うまやどのみこ》（のちの聖徳太子）に

■歴代女性天皇

1	第33代推古天皇	（在位592年～628年）
2	第35代皇極天皇	（在位642年～645年）
3	第37代斉明天皇	（在位655年～661年）※重祚
4	第41代持統天皇	（在位690年～697年）
5	第43代元明天皇	（在位707年～715年）
6	第44代元正天皇	（在位715年～724年）
7	第46代孝謙天皇	（在位749年～758年）
8	第48代称徳天皇	（在位764年～770年）※重祚
9	第109代明正天皇	（在位1629年～1643年）
10	第117代後桜町天皇	（在位1762年～1770年）

後を譲る予定だったが、どちらも推古天皇より先に死去したため、押坂彦人大兄皇子の子が34代舒明《じょめい》天皇として即位した。35代皇極天皇は舒明天皇の皇后で、やはり後継者選びに難航したための即位だった。**女性天皇が、飛鳥から奈良時代にかけて集中しているのは、次の天皇を巡って、有力な外戚と群臣とのパワーゲームが続いていたため**だといえる。

江戸時代の１０９代明正《めいしょう》天皇の母は、２代将軍徳川秀忠の娘にあたる。秀忠の娘である和子《まさこ》が、１０８代後水尾天皇の中宮となって生まれたのが明正天皇なのだ。母系でみれば徳川将軍家の血筋から天皇を出したことになる。しかし、後水尾上皇が院政をしいたので実権はなく、結局異母弟の後光明天皇に譲位した。１１７代後《ご》桜町《さくらまち》天皇は、甥にあたる１１８代後桃園天皇が成長するまでのピンチヒッターだった。

MYSTERY 038

現在の皇室典範は戦後生まれ旧皇室典範から消えた伝統がある？

皇室典範は、日本国憲法に基づいて定められた皇室のための法律だ。女系天皇の容認や、今上天皇の生前退位が話題となると、まず皇室典範の改正の話題が持ち上がるのは、皇室典範で皇位継承資格が男系男子に限定され、生前退位の規定がないためだ。

しかし、皇室典範改正には国会の承認が必要であり、天皇が皇室典範の改正を求めることは、政治に口を出すことになる。逆に、政権や内閣の意向で改正してしまうと、今後政府の意向で天皇を廃することもできてしまう。さらには、憲法の内容にも踏み込むことになるので、非常に取り扱いが難しい。そのため、特例法などによって対応しようというのが現状といえる。

皇室の伝統を守るための皇室典範だが、**じつは現在の皇室典範ができたのは、1947（昭和22）年のこと。**それ以前の皇室典範も、1889（明治22）年に制定されたもの。長い天皇の歴史からすれば、比較的新しい法という見方もできるだろう。

皇室典範には、合理的、政治的な理由によって、失われた皇室の伝統も少なくない。その最大の伝統が、生前退位（譲位）だったともいえる。**譲位を認めないのは、引退した天皇が上皇**

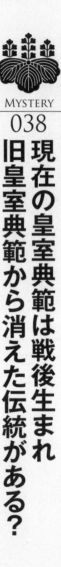

となって院政をしいた先例を避けるためでもある。また、以前は、ひとりの天皇の在位中に元号が複数回変わることもあったが、「一世一元の制」として、天皇一代につきひとつの元号を使い続けるということも明治以降に定められた。

現在の皇室典範は、戦後に日本を占領していたGHQの意向も働いていたようだ。旧皇室典範は、日本帝国憲法と並ぶものだったが、現在のものは憲法に基づく法律だ。憲法で天皇は象徴で、主権は国民にあることを謳っている以上は当然の措置だといえるだろう。

また、それまでの天皇は複数の側室を持つことができたが、一夫一婦制により、皇位継承者も嫡出子に限定された。現在の皇室典範は、旧皇室典範と比べると半分近くの条項が削られている。一世一元の規定も削除され、皇室典範ではなく元号法で定められることになった。

細かいところでは、未成年の天皇を教育する「太傅《たいふ》」の官職が廃止となっている。これは古代中国の王朝にならったもので、天子の師ということになる。明治以降、未成年で天皇に就いた例はなかったので、これは有名無実の官職となった。

いっぽうで、残されたのが摂政の制度だ。皇室典範第17条では、天皇が病気などの理由で公務ができないときは摂政を置くことができるとされている。最後に摂政となったのは、123代大正天皇の皇太子だった裕仁親王（のちの昭和天皇）だ。大正天皇が病気のため、崩御するまでの5年間摂政として公務を代行した。摂政は、憲法5条にも「天皇の名で国事行為を行う」とある。ただし、その権限はあくまで国事行為のみに限定される。

MYSTERY 039

わずか3ヵ月で改元した例もある明治以前の元号はどうして期間が短いの？

現在の元号である平成は、歴代4位に入る長寿元号だ。最長は昭和の64年（62年14日）、2位は明治が45年(43年9ヵ月)まで続いている。これは、代替わりするまで改元しないという「一世一元制」によるためだといえる。しかし、明治以前には、天皇在位中に何度も元号を変えることがめずらしくなかった。そのため、昔の元号は短いものが多い。

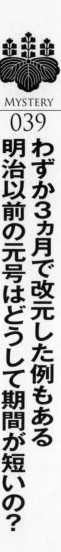

通常、元号が変わるのは新しい天皇が即位した場合だが、これは「代始改元《だいはじめ》」という。元号が制定されるのは、その天皇の治世が平穏であることを願うという意味も込められていた。縁起が良いとされるめずらしい鳥や亀が見つかったり、金や銅が発見されると、それを祝うという意味で改元が行われた。いっぽうで、地震や火事、水害などの天災、疫病の流行や、戦災などに見舞われた場合にも、災厄を断ち切るという願いを込めて改元が行われた。吉事を理由とした改元を「祥瑞改元《しょうずい》」、凶事を理由とした改元を「災異改元《さいい》」という。

また、十干十二支における甲子《きのえね》、辛酉《かのととり》の年は混乱が起きやすいとされていた。これを「甲子《かっし》革命」、「辛酉《しんゆう》革命」といって改元が行われた。十干十二支は60年で一周だが、甲子から辛酉までは57年、辛酉から甲子までは3年しかない。つまり、辛酉の年に改元すると、4年目には甲子の年になり、また改元しなければならなかったのだ。さらに、陰陽道における三合《さんごう》（3つの星が重なる年）も、災厄が多い年とされて改元が行われた。

歴史的には、平安時代前半までは祥瑞改元が多かったが、平安時代後半になると、災異改元が急増した。これは、天災に加えて戦乱が続発したせいだ。もちろん、改元したからといって混乱が治まるものでもないが、少しでも事態を好転させたいとの思いからだったといえる。

暦が確認できる最短の元号は、鎌倉時代の暦仁《りゃくにん》で、わずか2ヵ月半で改元されている。天変による改元だったが、事態は好転せず、次の延応も1年半ほどで改元されている。鎌倉時代の元号は、建久が10年続いたほかはすべて10年以下だ。

明治以前の元号を見ると、20年以上続いた元号はわずか9例しかない。そのなかでももっとも長いのは、室町時代の応永で35年も続いていた。長く続いたのは、将軍足利義満が、中国の洪武帝にあやかって洪の字を入れるように求めたものの、朝廷側が洪水を連想するとして拒否したことに起因する。朝廷の対応を不満に思った義満が、改元を許さなかったためといわれているのだ。このように、改元は時の権力の影響を受けることも多かった。

変わったところでは、**江戸時代中期の明和9年が「めいわくねん（迷惑年）」と読めることから、災害が起こる原因だとして安永に改元されている。**まるで語呂合わせのようだが、読みが不吉だとして改元された例もあり、当時の朝廷にとっては真剣な話だった。

MYSTERY
040
7年間もの天皇不在期間 中大兄皇子はなぜ皇位につかなかった？

天皇が崩御した場合、三種の神器である剣璽を引き継いで次の天皇が即位する。これを践祚《せんそ》という。ただ、連綿と続いてきた天皇の歴史のなかでは、皇位継承者が決まっていなかったり、政治的な意図によって、天皇不在という時期もあった。

神話の時代では、14代仲哀天皇が崩御したとき、15代応神天皇はまだ生まれておらず、皇后の神功皇后が天皇の職務を代行していた。神功皇后は実在したかも不明だが、実質的な女帝として神功皇后を天皇の列に加えた時期もあったほどだ。

確認できる最大の空白期間は38代天智天皇のときで、7年間も天皇が空位だった。天智天皇は、即位前は中大兄皇子といった。専横を極める蘇我氏を、中臣鎌足とともに討った「乙巳の変」の功労者だ。母の35代皇極天皇は、翌日には中大兄皇子に皇位を譲ろうとしたが、これに中臣鎌足が反対した。中大兄皇子は皇位継承順位が低く、もし即位すれば皇位を狙ったクーデターだという批判を浴びることになりかねないからだ。

そこで、皇極天皇の弟を36代孝徳天皇とし、中大兄皇子は皇太子の座について「大化の改新」

を主導した。これは初めての譲位となった。そして、孝徳天皇が病に倒れた後も即位せずに、母の皇極天皇を復位させて斉明天皇とした。こちらも史上初の重祚となっている。

なかなか皇位に就かない中大兄皇子だが、**動きやすい皇太子のままのほうが都合が良かったのかもしれない。**また、当時は百済から救援を求める使者が頻繁に訪れていたため、遠征軍を指揮する必要があった。ところが、百済救援のための白村江の戦いで、日本は唐・新羅の連合軍に大敗してしまう。その前年には母の斉明天皇が崩御しており、後継者となるのは中大兄皇子しかいなかった。しかし、それでも皇位には就かなかった。

天皇が崩御したのち、即位しないまま政務を執り行うことを「称制」という。中大兄皇子は、7年間も即位の礼を行わず、喪服の白い麻衣のまま称制した。そして、唐の侵攻に備えて九州に防人《さきもり》を置き、さらに防衛のために内陸部の近江（滋賀県）大津に都を移すと、ようやく38代天智天皇として即位した。即位したのは668年だが、このときは元号が存在せず、また称制の期間も在位期間と数えられるため、天智天皇7年となる。

なぜ7年（大化の改新からは20年以上）も即位しなかったのかには諸説ある。妹の間人皇女《はしひとのひめみこ》（孝徳天皇の皇后）と不倫していたためという話まで生まれている。大化の改新を成し遂げた天智天皇だが、即位してからは近江遷都への評判も悪く、後継者選びでも息子の大友皇子（39代弘文天皇）と、弟の大海人皇子（40代天武天皇）との間で壬申の乱が起きる火種を作った。実際の在位期間は4年しかなく、晩年は精彩を欠いたといえる。

MYSTERY

041

即位しなくてもできる追尊 死後に皇位を贈られた天皇がいる？

天皇の称号は、崩御した後で贈られる追号だということは、本章の最初で述べた通り。そのため、天皇として即位していないものの、薨去《こうきょ》したのちに天皇の号を贈られた皇族もいる。もっとも多いのは、**即位した天皇の父が追尊される場合**だ。父親が皇太子でありながら薨去し、その子が即位した場合に、本来は父が継いでいたことを偲《しの》び、孝心から天皇の号を贈る。

40代天武天皇の皇太子であった草壁皇子《くさかべのみこ》は、皇位に就くことなく薨去した。そのため、母である41代持統天皇が一時的に即位し、草壁皇子の子である42代文武天皇の成長後に譲位した。文武天皇が25歳の若さで崩御すると、妻が43代元明《げんめい》天皇となり、娘の44代元正天皇に繋いだ。親も妻も子もすべてが天皇となっているなかで、草壁皇子だけが浮いている。

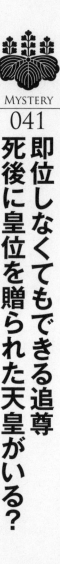

この草壁皇子を天皇に追尊したのは、草壁皇子の甥にあたる47代淳仁天皇だ。むしろ直系ではないからこそ、草壁皇子に配慮したものといえるだろう。

じつは、その淳仁天皇自身は、即位していたにもかかわらず、長い間天皇の数に入れられていなかった。46代孝謙天皇の不興を被って淡路《あわじ》に流されて廃位となったため、淡路廃帝《はいたい》と呼ば

■歴代天皇に入らない天皇

岡宮天皇＝草壁皇子	40代天武天皇の皇太子。長岡天皇とも呼ばれる。
尽敬《じんきょう》天皇＝舎人親王	47代淳仁天皇の父。子の即位により追尊。
春日宮天皇＝志貴皇子	49代光仁天皇の父。子の即位により追尊。
崇道天皇＝早良親王	50代桓武天皇の弟。鎮魂のための追尊。
後高倉院＝守貞親王	86代後堀河天皇の父。子の即位により即位せずに院政。太上天皇を追尊。
後崇光院＝伏見宮貞成《ふしみのみやさだふさ》親王	102代後花園天皇の父。子の即位により即位せずに院政。太上天皇を追尊。
陽光院＝誠仁親王	107代後陽成天皇の父。子の即位により太上天皇に追尊。
慶光天皇＝閑院宮典仁親王	119代光格天皇の父。子の即位により追尊。

れていた。同様に、85代仲恭天皇も、後鳥羽上皇の引き起こした承久の乱で上皇側が敗れたため、幕府の意向によって廃位されて、九条廃帝《くじょうはいてい》と呼ばれていた。天皇として追尊され、歴代天皇に数えられるようになったのは、明治天皇の代になってからだった。

即位せず天皇の号が贈られたり、逆に即位していながらも天皇になれなかったのは、当時の政治状況による。**現在は、即位したことのある天皇だけが、歴代天皇に数えられる（南北朝は南朝が正統とされるため北朝天皇も除外）。**

50代桓武《かんむ》天皇の皇太弟であった早良親王《さわらしんのう》は、長岡京遷都に絡む暗殺事件の首謀者として流罪となって憤死した。その後、天災が相次いだことが早良親王の怨霊によるものとされ、鎮魂の意味で崇道《すどう》天皇の号が贈られた。しかし、即位していないため、歴代天皇には数えられない。

MYSTERY
042
もっとも長生きだった天皇 もっとも若くして即位した天皇は？

初代神武天皇をはじめ、古代には驚異的な長寿を保った天皇が多い。『日本書紀』では、初代神武天皇の127歳から、16代仁徳天皇の143歳まで、なんと12柱の天皇が100歳を超えている。『古事記』では、神武天皇は137歳で崩御したとされ、21代雄略天皇の124歳まで100歳越えの天皇は8柱。10代崇神天皇はなんと168歳で崩御したと記されている。

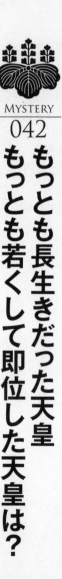

人間としてはありえない長寿であることから、古代天皇の実在性そのものが否定されがちだ。そのため、古代は1年を2つに分けた倍暦を使っていたという説が生まれている。確かに、年齢を半分にすればずっと現実的な寿命となる。いっぽうで、古代中国で不老不死の仙人が住むといわれた蓬莱島《ほうらいじま》が日本のことだとして、本当に100歳以上生きたと主張する人もいる。いずれにせよ、古代の天皇の生没年に関しては、確実な史料がないのではっきりとしない。

存在が確実とされる天皇の中では、**124代昭和天皇が、87歳8ヵ月**ともっとも長生きした天皇となる。125代目となる今上天皇も、2016年の12月23日に83歳を迎えられた。現代は医療も発達し、常日ごろから、質素で健康的な食事を摂るよう配慮されている。こうした努力の結果の長寿といえるだろう。

現代より医学の発達していなかった時代を見ると、江戸時代初期の108代後水尾天皇が、84歳2ヵ月で歴代2位の長寿だ。3位が今上天皇。4位は平安時代の57代陽成天皇で80歳と9ヵ月。**80歳以上の長寿を保った天皇は4名のみだ。**

もっとも、後水尾天皇は25歳、陽成天皇は15歳の若さで退位してしまっているので、上皇だった期間のほうがずっと長い。とくに、上皇による院政や、摂政・関白や武家が強い影響力を持っていた時代、実力者の意向で幼少の天皇も多数生まれた。

歴代最年少で即位した天皇は、**79代六条天皇が、生後わずか7ヵ月で即位**している。即位式の最中に泣き出してしまったため、中断して乳母が授乳して落ち着かせたというエピソードが残る。2位は1歳4ヵ月で即位した81代安徳天皇だ。

どちらも後白河法皇が院政をしき、平氏が実権を握っていた時代だ。六条天皇は後白河法皇の意向で即位し、在位2年8ヵ月で叔父の80代高倉天皇に譲位。そして、高倉天皇と平清盛の娘との間に生まれた安徳天皇が即位することになったのだ。

安徳天皇は、源平合戦の最後となった壇ノ浦の戦いで、祖母の平時子とともに入水自殺。この時わずか6歳4ヵ月という、史上最年少の崩御となった。また、六条天皇も、退位後に病となり、11歳8ヵ月で崩御している。物心もつかないうちに即位し、そして強制的に退位させられた天皇には、自分が天皇だという自覚さえ、生まれていなかったかもしれない。

MYSTERY

043

武士の最高位である征夷大将軍 将軍になった皇族がいた？

征夷大将軍とは、本来は東方（夷）を鎮圧する軍の司令官という意味だ。ただ、大将軍には、都から離れた遠征地で、政庁となる幕府を開く権利が与えられていた。そこで、鎌倉を拠点に武家政権を築いた源頼朝は、征夷大将軍となって幕府を開いた。そこから、征夷大将軍は武士の最高位と考えられるようになっていったといえる。

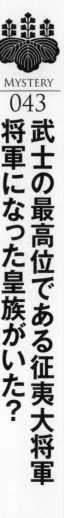

鎌倉時代以降、幕府を開いた源頼朝、足利尊氏は源氏の血筋だ。そのため、征夷大将軍になるには、武家の棟梁《とうりょう》である源氏でなければならないという考えも生まれた。徳川家康は、系図を改ざんしてまで源氏の血筋であることを主張し、征夷大将軍の位を得た。ところが、鎌倉時代には、源氏の血筋でもなく武士でもない、**公家や皇族からも将軍が生まれている。**

源頼朝から始まった幕府だが、息子の3代将軍実朝が子を残さないまま暗殺されたことで、源氏の嫡流《ちゃくりゅう》の血が途絶えてしまった。将軍を補佐する執権北条氏は、幕府存続のために、82代後鳥羽上皇の皇子を新たな征夷大将軍に迎えることを計画した。上皇がこの要請を断ると、摂関藤原氏から藤原頼経《ふじわらのよりつね》を4代将軍に迎えた。もっとも、この摂家将軍は、次の5代将軍藤原頼《ふじわらのより》嗣《つぐ》で終わっている。当初の計画通り、皇族から征夷大将軍を迎えることに成功したためだ。

この将軍交代劇は、後鳥羽上皇が起こした承久の乱で、幕府軍が大勝したことに起因する。宮将軍を断った後鳥羽上皇が敗れたことで、幕府の立場は一層強くなった。88代後嵯峨天皇は、後鳥羽上皇派を一掃した北条氏の推薦を得て即位した。そのため、幕府の宮将軍派遣の要請を断れず、皇子である宗尊親王《むねたかしんのう》を6代将軍として鎌倉に送ったのだ。ここに、臣下の役職であった征夷大将軍に、皇族が就任する宮将軍が誕生。以後、7代惟康《これやす》親王、8代久明《ひさあき》親王、9代守《もり》邦《くに》親王と、鎌倉幕府滅亡まで4代続いている。

もっとも、鎌倉幕府の実権は執権北条氏が握っており、将軍は傀儡《かいらい》だった。摂家将軍も宮将軍も、**10歳前に将軍となり、成人すると京に戻され、別の親王が呼ばれるという形となった。**成長した将軍が傀儡であることを嫌い、北条氏打倒を目指す動きもあったが、失敗に終わっている。ただ、宮将軍の存在は、朝廷との連携を円滑にし、幕府の権威を高める効果があった。

その後、鎌倉幕府を打倒して親政を目指した96代後醍醐天皇は、自身の皇子である護良《もりよし》親王、成良《なりよし》親王を征夷大将軍に任命した。傀儡ではない、天皇と皇子による公武の一本化といえる。しかし、朝廷偏重の人事は武士たちの不満を招き、後醍醐天皇と敵対して北朝をたて、足利尊氏が征夷大将軍となった。いっぽう、後醍醐天皇の南朝では、その後も宗良親王《むねよししんのう》など宮将軍を立て続けた。その後、宮将軍は、北朝3代将軍足利義満による南北合一で消滅。天皇が北朝側に合一されたのと同じく、征夷大将軍の位も北朝の足利将軍が世襲することになった。

MYSTERY
044

天皇と膝を突き合わせての倒幕の密議 無礼講を始めたのは後醍醐天皇から？

宴会の席で、自由に楽しく交流を深めようという意味で使われる無礼講。上司の言葉を真に受けて、ついついハメをはずしてしまい、後で冷や汗をかくということもしばしば見られる。

この無礼講の起源には、天皇が関係していたという話がある。『太平記』では、96代後醍醐天皇が、武士の土岐《とき》頼貞《よりさだ》、多治見《たじみ》国長《くになが》、公家の日野《ひの》俊基《としもと》、日野資朝《すけとも》、さらに僧侶などを招いて宴会を催した。じつはこの**宴会は、鎌倉幕府に不満を持つ者たちによる倒幕の密談**だった。

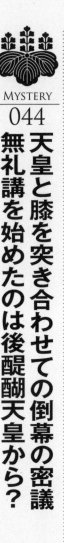

後醍醐天皇は大覚寺統で、両統迭立によって次の天皇は持明院統の邦良親王が即位することが決定していた。これは両統も了解し、幕府も認めた既定路線だった。しかし、自分の皇子に天皇の座を譲りたい後醍醐天皇は不満を募らせ、倒幕を考えるようになっていたのだ。

後醍醐天皇に招かれた参加者たちは、烏帽子をとってもとどりをはずし、僧侶も法衣を脱いで身分の壁を取り払った。献杯の順番なども考慮されず、薄着の美女たちを十数人も侍らせて酌《しゃく》をさせ、山海の珍味を楽しんだ。倒幕の密談というにはあまりにも乱れすぎた宴会だが、これは**朝廷の動向を見張る六波羅探題の目をごまかすためのカモフラージュ**だった。このような乱行を連日繰り返している天皇が、まさか幕府を倒そうと考えているとは思わない。また、酒が入ると誰でも本音をこぼしやすい。後醍醐天皇は、乱痴気《らんちき》騒ぎのなかで、味方になりそうな人材を選別して、密かに計画を打ち明けていたのだった。これが無礼講の起源とされる。

無礼講という行為自体は、平安時代からあったといわれている。天皇による神事の後に、神に捧げたお神酒や神饌《しんせん》を参列者にもふるまう直会《なおらい》が行われていた。これを礼講といい、参列者は身分によって席次が決められており、席を立って移動することも許されなかった。飲む順番も、上座から順番に盃が回される時間のかかるものだった。**直会が終わると二次会的な宴会が催され、こちらは儀礼的な礼法を取り払った気軽なものだったことから無礼講と呼ばれた。**ただ、宮中で行われる以上節度はあり、後醍醐天皇ほど砕けた無礼講は例がなかったといえる。

しかし、結局この倒幕計画は露見してしまう。一味となっていた土岐氏一門の土岐《とき》頼員《よりかず》が、妻に計画をもらしたことから、妻を通じて六波羅に通報されてしまったのだ。倒幕の兵をあげても成功の望みが薄いとみた頼員が、自分から密告したともいわれている。「無礼講でハメをはずしすぎてはいけない」というのは、始まった当初からのことだったようだ。

計画が明るみに出ると、一味は一斉に捕縛された。そして、日野氏は流罪、土岐氏、多治見氏は、鎌倉への護送中に密かに殺された。しかし、天皇を首謀者とすると大問題になるため、後醍醐天皇は無関係だとされた。後醍醐天皇はそれでも倒幕の悲願を捨てず、2度も廃位と譲位を経験した末に、楠木正成、足利尊氏らの協力を得て、ようやく鎌倉幕府を滅ぼした。

MYSTERY

045

罪を犯した天皇に対する最高刑 島流しにされた天皇がいたって本当？

前ページで倒幕を計画した96代後醍醐天皇は、再び倒幕を目指して挙兵したものの敗れて捕らえられる。そして、幕府の意向で廃位させられて隠岐島（島根県）に流罪となった。

歴史上、天皇が殺された事例は、蘇我馬子の手の者に暗殺された32代崇《す》峻《しゅん》天皇のみだ。ほかにも暗殺説がささやかれる天皇や、戦争で命を落とした天皇はいる。しかし、天皇を害するのは畏れ多いこととされており、直接手をくだすと周囲からの反発が大きかった。そのため、天皇に対して何か刑罰を与える必要があった場合は、島流しが最高刑とされていた。

最初に流罪となった天皇は、47代淳仁天皇だ。藤原仲麻呂の起こした乱により、天皇も共犯者とされて廃帝となり、淡路島に流された。

そんななか、**史上最大の流刑者を出したのが、1221（承久3）年の承久の乱だ**。源実朝が暗殺され、源氏将軍が途絶えたことを好機とみた後鳥羽上皇が、幕府に反感を持つ御家人を集めて挙兵した。しかし、源頼朝の妻で幕府の実権を握っていた北条政子が、頼朝の恩顧を訴えると、多くの武士がこれに従ったため、幕府の大軍に攻め込まれた上皇軍は大敗した。

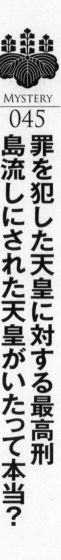

■島流しとなった主な天皇経験者

天皇	流罪先	配流理由
47代淳仁天皇	淡路	藤原仲麻呂の乱の共犯として。孝謙天皇への批判が原因。
75代崇徳天皇	讃岐	保元の乱の首謀者として。
82代後鳥羽天皇	隠岐	承久の乱の首謀者として。
83代土御門天皇	土佐	承久の乱にて連座。
84代順徳天皇	佐渡	承久の乱の共犯として。
96代後醍醐天皇	隠岐	元弘の乱の首謀者として。

終結後には、後鳥羽上皇、土御門上皇、順徳上皇と、なんと歴代3名もの天皇経験者が流罪となっている。とくに土御門上皇は、父である後鳥羽上皇の挙兵に反対していたにもかかわらず、自分だけが無罪となるのは不孝として、自発的に流罪を受けたのだった。

天皇の配流先は、隠岐島や佐渡島など、脱出が難しい離島が選ばれることが多かった。また、皇后や側室を伴うことは許されず、わずかな供だけが同行を許された。都の華々しい暮らしから一転した辺境の島での生活は、経験したことのない苦労だっただろう。

なお、流罪となったのはすべて上皇だ。即位中の天皇が罪に問われた場合は、廃位されてから刑が執行されている。**天皇を裁けるのは同格の天皇しかいないため、流罪は次の天皇の名義で言い渡されている。**

MYSTERY
046
分裂していた南北朝は北朝に合一 南朝の子孫はその後どうなった？

建武の新政を目指した96代後醍醐天皇は、鎌倉幕府打倒後に足利尊氏と対立。敗れて京を追われると、南の吉野で新たな朝廷を開いた。足利尊氏が光厳天皇を復帰させ、弟の光明天皇の推戴した王朝を北朝といい、その後、皇統が分裂した南北朝時代が56年続いた。

この南北朝は、室町幕府の3代将軍足利義満が優位に立ち、１３９２（明徳３）年の明徳の和約をもって、南北合一したことで解消された。99代後亀山天皇（南朝４代）は、１００代後小松天皇（北朝６代）に三種の神器を譲り、以後北朝の系統が皇統を継いだ。

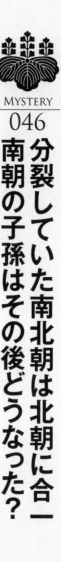

しかし、明徳の和約では、南（大覚寺統）北（持明院統）で交互に天皇を出す両統迭立が基本条件とされていた。ところが、後小松天皇が、自身の皇子である１０１代称光天皇に譲位したため、旧南朝勢力は強く反発した。さらに、称光天皇が若くして崩御すると、北朝の嫡流は絶えたにもかかわらず、同じく持明院統から１０２代後花園天皇が擁立された。

完全に**約束を反故にされた旧南朝側は、後亀山天皇の皇子である小倉宮《おぐらのみや》恒敦《つねあつ》を奉戴して挙兵に及んだ**が、兵力差は大きく敗れた。以後、南朝天皇の子孫は、幕府に反感を持つ勢力に担がれて断続的に北朝と幕府に抵抗を続けた。この勢力を「後南朝」と呼ぶ。もっとも、後南朝はすでに求心力を失っており、北朝に対抗するにはあまりに小さな勢力となっていた。そのため、活動は主にテロに傾きがちで、後花園天皇の暗殺を企てたりしている。

後南朝が引き起こした最大の事件とされるのは、**１４４３（嘉吉3）年の禁闕《きんけつ》の変**だ。南朝の有力家臣だった日野氏、楠木氏の末裔が御所を襲撃し、**三種の神器の天叢雲剣《あめのむらくものつるぎ》と八尺瓊勾玉《やさかにのまがたま》（神璽《しんじ》）を持ち去り、比叡山に逃げ込んだ**のだ。ただちに幕府は比叡山に派兵して実行犯を討伐・逮捕した。しかし、剣は取り戻せたが勾玉は行方不明となった。

勾玉が発見されたのはなんと14年後。幕府に改易された赤松氏の遺臣が、家名再興のために後南朝に接近し、後南朝が推戴していた自天王《じてんのう》の屋敷から勾玉を奪い返した。三種の神器を再び揃えた功績は大きく、赤松氏は再興を認められている。以後、後南朝は目立った活動はなく、応仁の乱で後南朝の血筋を名乗る人物が現れたものの、討伐されている。

ところで、現在は南朝の後醍醐天皇から後亀山天皇が歴代天皇に数えられ、後小松天皇以前の北朝天皇は数えられていない。これは、１９１１（明治44）年に、明治天皇が南朝が正統と認めたためだが、この裁定が思わぬ珍事を引き起こすことにもなった。**戦後に入り、南朝の末裔を名乗り、正統な天皇だと主張するものが続出した**のだ。なかでも、熊沢天皇を自称した熊沢寛道《くまざわひろみち》はマスコミの寵児《ちょうじ》となった。もっとも、自称天皇が南朝の末裔である証拠はなく、逆に自称天皇が乱立したために話題性を失い、やがて自然消滅していった。

MYSTERY

047

皇族か五摂家との縁談に限定された内親王 徳川家に嫁いだ皇女がいた？

現在の**皇室典範では、皇族女性が皇族以外の男性と婚姻した場合、皇族の身分を離れることと定められている。**古代、皇族女性が皇族以外に嫁ぐことは禁じられており、平安時代になってから、臣下との婚姻が認められるようになった。これを「降嫁《こうか》」という。もっとも、相手は大臣などを務める家格の高い五摂家が中心で、天皇から3親等離れた女王に限定されていた。

江戸時代に幕府の体制が固まると、3代将軍家光以降の将軍正室は、朝廷から迎えることが慣例となった。最初は五摂家からだったが、8代将軍吉宗からは伏見宮、閑院宮などの宮家から迎えられた。こちらも、天皇の娘である内親王の降嫁は一度もなかった。

この慣例を破ったのが、14代将軍家茂の正室となった皇女和宮だ。和宮は、120代仁孝天皇の第8皇女で、121代孝明天皇の異母妹にあたる。当時は、幕府が天皇の許しを得ないまま開国に踏み切ったことから、朝廷との関係が悪化していた。そこで、幕府と朝廷の関係が良好であることをアピールする公武合体の象徴として、皇女の降嫁が必要になったのだ。

当初、孝明天皇はこの話には乗り気ではなく、和宮にはすでに有栖《ありす》川宮《がわのみや》熾仁《たるひと》親王という婚約者もいた。しかし、政治情勢から、朝廷内でも降嫁を後押しする声が出ていた。結局、**和宮は婚約を解消させられ、16歳の若さで江戸に下向することになった。**

天皇の娘である内親王は、臣下である征夷大将軍よりも身分は上となる。婚礼の儀ではこれまでの慣習を破り、家茂から和宮に挨拶をする形になったという。それでも夫婦仲は悪くなかったようで、家茂は和宮を気遣って、側室をひとりも置かなかった。

ただ、和宮は大奥でも京の御所風の暮らしを貫いたため、大奥の女性たちからは反感を買った。とくに、13代将軍家定の正室であった天璋院《てんしょういん》篤姫《あつひめ》との折り合いが悪かったという。しかし、夫の家茂が亡くなり、幕府が滅亡の危機を迎えると、篤姫とともに15代将軍慶喜の助命嘆願をしている。このとき、江戸へ向かう官軍の総司令官は、かつての婚約者である熾仁親王だった。まさに、時代に翻弄された皇女といえるだろう。

じつは、和宮の前にも内親王の降嫁が決定されたことがある。7代将軍家継が就任したとき、112代霊元天皇の第13皇女である八十宮《やそのみや》との婚約が結ばれた。このとき**八十宮は生後1カ月、家継もわずか6歳だった。**家継が最年少で将軍位を継いだため、家継の権威を高めるために、後見役となった側用人の間部詮房《まなべあきふさ》や、学者の新井白石が計画したものだった。

しかし、1年半後に家継が病死してしまったため、江戸への降嫁にはいたらなかった。八十宮は、2歳にもならないうちに、一度も顔を合わせたことない相手の未亡人となった。その後、12歳で吉子《よしこ》内親王の宣下を受けたが、再嫁することもできず、18歳で出家している。

MYSTERY

048

江戸時代まで天皇の葬儀は仏教のお寺で行っていた？

天皇が崩御した場合、葬儀にあたるものとして「大喪《たいそう》の礼《れい》」と「大喪儀《たいそうぎ》」と2度の儀式が行われる。大喪の礼は国の行事として行われ、御苑から墓地にあたる御陵《ごりょう》まで進む葬列を、沿道から国民が見送ることができる。大喪儀は皇室内の儀式で、神道にのっとったものだ。

この方式は、昭和天皇の時代に採用された。天皇は、神道の祭祀長《さいしちょう》としての性格もあるため、**政教分離の原則に反しないよう、天皇の私的な儀式と国の行事とを分けている**のだ。

天皇の葬儀のやり方は時代ごとでまるで違う。古代の天皇は、大型の天皇陵（古墳）を築いて祀られた。飛鳥時代には崩御すると殯宮《もがりのみや》を建て、そこに1年間遺体を安置するしきたりがあった。崩御後の1年は、天皇を葬送するさまざまな儀式をする必要があったためだ。

これが、大化の改新のときに簡略化された。年々豪華になって負担も大きい古墳造営に歯止めをかけるため、薄葬令《はくそうれい》を出して規模を縮小したのだ。これは、当時から入ってきた仏教の影響も大きい。41代持統天皇は、仏教とともに伝えられた火葬により埋葬されている。

そして、東大寺に大仏を建立した45代聖武天皇のときから、仏式での葬儀が定着した。**天皇**

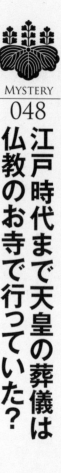

の菩提寺としては、京都の泉《せん》涌寺《にゅうじ》がよく知られる。86代後堀河天皇のころから天皇の葬儀に使用されるようになり、とくに江戸時代の１０８代後水尾天皇から、幕末の１２１代孝明天皇までは、すべて泉涌寺で葬儀が行われた。格式高く「御《み》寺《てら》」とも呼ばれている。

もっとも、仏式にのっとった葬儀でも、必ずしも火葬にされるわけではなかった。後水尾天皇の皇子であった１１０代後光明天皇は大の仏教嫌いだったが、朝廷では泉涌寺で葬儀を行い、火葬にすることを決定した。しかし、これに奥八兵衛という魚屋が異論を唱えた。鮮魚を届けるために御所に出入りしていた八兵衛は、天皇が儒学を信じて仏教の儀式である火葬を嫌っていることを聞いており、火葬にしないよう朝廷に訴え出たのだ。この訴えを朝廷が聞き入れたことで、後光明天皇は土葬に戻されることになった。また、以降の天皇も土葬となった。一介の魚屋が、皇室行事のしきたりを変えたのは前代未聞といえる。

歴代天皇のうち、火葬されたのは41名、土葬は73名（8名は不明）と、土葬のほうが多い。江戸時代は、儒教が基本学問で、儒教では親の遺体を損壊する火葬は不孝とされていた。いっぽうで、キリスト教統制のために檀家制度が取り入れられ、仏式葬が浸透していた。そのため、葬儀は仏式だが埋葬は土葬という方式が多かった。

天皇の葬儀も、仏教、神道、儒教に社会常識をミックスし、徐々に変化したものだといえる。２０１３年、宮内庁は今上天皇崩御の際は、現在広く普及している火葬を４００年ぶりに復活させることを発表した。今上天皇の意向で、御陵も小規模なものになる予定だ。

MYSTERY
049
牛肉を食べワインを飲んだ明治天皇は本当は外国嫌いだった？

1872（明治5）年1月、明治天皇は初めて牛肉を食べた。仏教に帰依した45代聖武天皇の布告以来、**1200年にわたる肉食の禁が解かれた瞬間だった。**天皇が率先して肉を食べたことは、庶民の間にも肉食文化を広めるきっかけとなった。

散髪脱刀令が出されたときも、率先して髪を切って洋装に改めている。晩年には、健康に気を使ってワインを飲み、レコードを聴いていた。これまでの天皇にとって、タブーとされたことを次々と打ち破った明治天皇は、日本の近代化の象徴ともいえるだろう。

しかし、そんな明治天皇は、倒幕の原動力となった尊王攘夷の旗印だ。攘夷とは外国人を排斥するという思想であり、維新後の行動とは相反するようにも思える。

じつは、**明治天皇の父にあたる121代孝明天皇は、筋金入りの外国人嫌いだった。**開国を選択した幕府と険悪になったことが、幕末動乱の一因ともいえる。ただ、一度も外国人と対面したことはなく、そこまで毛嫌いしていた理由が不明だ。アメリカの大統領から送られた時計を愛用するなど、完全に西洋文化を否定するわけでもなかった。

これは、長い間鎖国を続けた日本において、さらに閉鎖された朝廷にいたことが要因といえるだろう。正確な情報を与えられないまま、朝廷内の偏った噂話を聞かされたための外国人嫌いといえる。また、孝明天皇は開国した幕府を批判しても、倒幕までは考えていなかった。攘夷はあくまでも将軍家が中心となって進めるべきという、公武合体派だった。そのため、岩倉具視《ともみ》や三条実美《さねとみ》といった過激な尊王攘夷派の公家を遠ざけていた。

逆に、14歳で即位した明治天皇は、その岩倉具視ら尊王攘夷派を重用した。このことから、明治天皇も攘夷思想を持っていたと思われる。しかし、元号を明治と改めた翌年、明治天皇は、イギリスのアルフレート王子や、ユリシーズ・グラント元アメリカ大統領などの外交公使を引見。ここで初めて、これまでの外国人嫌いが偏見によるものだったと気付いたといえるだろう。これは、明治新政府も同じことだった。岩倉使節団が海外を歴訪し。西欧列強の現実を目の当たりにすると攘夷どころではなくなった。わからないものを排斥するのではなく、きちんと向き合った結果、攘夷よりもまず日本の近代化が最優先との思いにいたったといえる。

ちなみに、西洋の文化に抵抗のなかった明治天皇が、**最後まで受け入れられなかったのが写真だ。**明治天皇はとにかく写真が嫌いで、側近に説き伏せられて若いころに撮ったという2枚の御真影しか残されていない。現在、教科書などに載せられる明治天皇の肖像は、西郷隆盛の肖像を描いたことでも知られる、イタリア人画家のキヨッソーネが隠れて写生したものだ。それ以外には、閲兵の際などに隠し撮りされたものが残っているだけだという。

MYSTERY
050

ただのお飾りではなかった皇族軍人
戦前には皇族も士官学校に通った？

初代神武天皇が東征の末にヤマト王権を確立したように、戦場に立った天皇は少なくない。

しかし、武士という戦いの専門家が登場すると、皇族や公家が戦場に立つことはほとんどなくなった。実際に戦場に出ても、戦闘訓練を積んでいない皇族は足手まといでもあり、名目上の司令官というお飾りの立場だったともいえるだろう。

しかし、明治以後西洋文化の流入により、特権階級には責務も伴うというノブレス・オブリージュの考え方が広まった。そのため、明治から戦前までは、病気などの特別な事情がない限り、**すべての皇族男子には、陸海軍のどちらかに奉職することが義務付けられていた。**

大日本帝国では、天皇が大元帥となり、成年の皇太子は将校となったが、陸軍士官学校ないし海軍兵学校卒業後に少尉に任官されるのが通常のコースだった。これは、一般国民が軍人を目指す場合でも同じだ。いくら下士官でも皇族には命令が出しにくい。そのため、危険な任務につかせなかったり、出世面で優遇されていたという部分は少なからずあったようだ。

ただ、なかには太平洋戦争中も積極的に前線に立ち、命を落とした皇族軍人もいた。北《きた》白《しら》川《かわの》

■太平洋戦争に参加した皇族

朝香宮鳩彦王	陸軍大将
東久邇宮稔彦王	陸軍大将
賀陽宮恒憲王	陸軍中将
久邇宮朝融王	海軍中将
秩父宮雍仁親王	陸軍少将
閑院宮春仁王	陸軍少将
高松宮宣仁親王	海軍大佐
竹田宮恒徳王	陸軍中佐
北白川宮永久王	陸軍砲兵少佐
朝香宮孚彦王	陸軍中佐
三笠宮崇仁親王	陸軍少佐
東久邇宮盛厚王	陸軍少佐
朝香宮正彦王	海軍少佐
山階宮武彦王	海軍少佐
賀陽宮邦寿王	陸軍大尉
華頂宮博忠王	海軍中尉

宮《みや》永《なが》久《ひさ》王《おう》は、内モンゴル戦線で演習中に事故死したが、戦死として陸軍少佐に特進し、軍神として祀られている。すでに皇籍離脱していたが、朝《あさ》香《かの》宮《みや》鳩《やす》彦《ひこ》王《おう》の第2王子であった正《まさ》彦《ひこ》王《おう》は、クエゼリン島の殲《せん》滅《めつ》戦を指揮して戦死。伏《ふし》見《みの》宮《みや》博《ひろ》恭《やす》王《おう》の第4王子であった博《ひろ》英《ひで》王《おう》は、南太平洋上で乗機が米軍機と交戦になり、重傷を負ったのちに亡くなっている。

2016年に100歳で薨去された三《み》笠《かさの》宮《みや》崇《たか》仁《ひと》親《しん》王《のう》は、太平洋戦争に従軍した経験を持つ最後の皇族軍人だった。昭和天皇の弟であったが、士官学校を卒業し、戦時中は支那派遣軍総司令部に陸軍中尉として南京に滞在した。ただし、皇族であることは秘密にして、「若杉」というコードネームで活動していた。中国史と中国事情を学び、その後は少佐に昇格して大本営参謀となっている。

一番長い治世は誰だ？天皇の在位ランキング

今上天皇が生前退位の意向を示し、このまま行くと平成は30年で終わる可能性が高い。つまり、今上天皇の在位は30年間になるということだ。歴代の天皇の在位年数を見てみると、もっとも長かったのは、第六代・孝安天皇の102年。次いで、第十六代・仁徳天皇の86年、第五代・孝昭天皇の82年となっている。ただ、これらの天皇の在位年数の記録はかなり不確かであり、学問的に立証されたわけではない。とくに孝安天皇と孝昭天皇などは、その実在さえ疑問視されている「欠史八代」（36ページ）の天皇たちだ。

文献的に在位年数が証明できるのは、６世紀前半に即位した第二十九代・欽明天皇以降とされている。では、欽明天皇以降でもっとも在位年数が長かった天皇は誰かというと、じつは昭和天皇なのだ。昭和天皇の在位年数は62年。次いで、明治天皇の45年、第一一九代・光格天皇の37年となっている。

欽明天皇以降の過去約1500年間で、在位が30年を超えた天皇は10人しかいない。それゆえ、今上天皇の在位が30年で終わったとしても、平均よりも長いほうだといえる。

いっぽう、在位期間の短かった天皇を見てみると、一番短期間だったのは、鎌倉時代の第八十五代・仲恭天皇の２ヵ月だ。わずか４歳で即位したが、即位直後に祖父の後鳥羽上皇が起こした承久の乱に巻き込まれ、幕府に廃位されてしまった。

次に短かったのは、第三十九代・弘文天皇の７ヵ月だ。叔父の大海人皇子（天武天皇）に壬申の乱で敗れて自害に追い込まれ、短期間の在位となった。３番目に短いのは第三十一代・用明天皇で、１年７ヵ月。これは、急病で亡くなったためである。

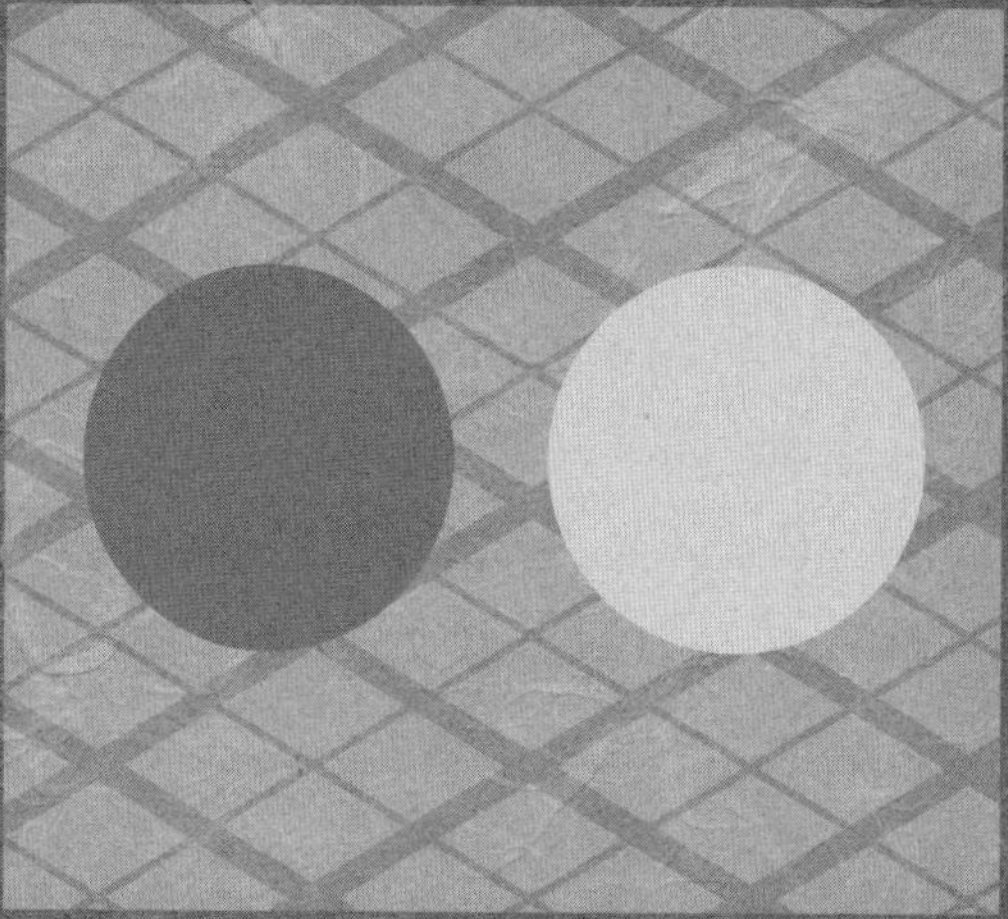

第三章

天皇家と皇室行事と祭祀

MYSTERY 051

山にも海にも神様がいる古代の神社には建物がなかった？

日本では、八百万《やおよろず》の神とも呼ばれるように、あらゆるものに神が宿ると考えられていた。その神々が祀られているのが神社だ。初詣や七五三などで、お参りする人も多いだろう。

ただ、古代には神社という建物はなかった。**神が降臨する祭事のときだけ、神庭《かむにわ》と呼ばれる場所に神の宿泊場所として簡単な祭場が設営され、祭事が終われば撤去されるものだった。**

しかし、神々には常に身近にいて欲しいという要望を受けて、いつでも参拝可能な常設の社殿が設けられるようになった。神社の建物は社とも呼ばれるが、これは屋代《やしろ》が転じたもので、神々の家の代わりということだ。臨時の宿泊所が、正式な住居へと移行していったといえる。

やがて、仏教が伝来して、寺院に伽藍《がらん》が建ち並ぶようになると、神社も影響を受けてさまざまな建物が並ぶようになった。神社の建物といえば、鳥居、参道、社務所、手水舎《ちょうずや》、そして賽銭箱と鈴の置かれた拝殿、御神体の置かれた本殿といったあたりが思い浮かぶ。

鳥居は、門のように考えられるが、人のいる世界と神のいる世界とを隔てる象徴だ。神の空間に「通り入る」ことから鳥居と呼ばれるようになったともいわれている。神社に飾られている注連縄《しめなわ》も、その先は神の世界であることを示す結界を張る意味がある。神は穢《けが》れを嫌うため、穢れを清める禊《みそぎ》を行う必要がある。手水場で手を洗い、口をすすぐことが簡単な禊となる。社務所は神主や巫女の事務所であり、おみくじやお札などを扱っている。おみくじを結んだり、絵馬を奉納する場所もある。

そして拝殿が、神に参拝する場所だ。本来は拝殿は参拝する場所で、厄年の御祓いや、神前結婚式などを行う建物は幣殿《へいでん》というが、多くは併設されている。その奥にあるのが本殿だ。神社は森など自然に囲まれたところにあることが多く、規模もまちまちだ。なかには鳥居から拝殿までの距離、拝殿から本殿までの距離が非常に長い神社もある。

神には実体のあるものもあればないものもある。神が宿っているとされるご神体も大小さまざまだ。とくに、山は神聖な場所と考えられており、山そのものを御神体とする神社も各地にあった。また、実体がある御神体でも、人目に触れることを禁じていることが多かった。

人が神に近づくのはそれほど畏れ多いことだった。そこで、本殿は山頂などに建てるいっぽう、人々が参拝しやすいようにふもとに拝殿を建てるといった配慮がなされた。ご神体がある場合でも、人目に触れることを禁じて、本殿の奥に隔離しているということが多かった。

一般人でも他人の家を訪れて、プライベート空間にはなかなか入れない。いわば本殿が神の家のプライベートルーム、拝殿は応接室のようなものといえる。ただ、**神社の建物だけが神社なのではなく、その周辺地域全体が神域なのだ**ということも忘れてはならないだろう。

MYSTERY
052

皇室のご先祖を祀る伊勢神宮その神官は中世まで女性だった？

数ある日本の神社のなかでも、もっとも天皇家と縁が深いのが三重県伊勢市にある伊勢神宮だ。ここは皇室の先祖とされる天照大神を祀る「内宮」と、五穀を司る豊受大神《とようけおおかみ》を祀る「外宮」を中心に、大小125ヵ所もの神社が集った巨大な宗教施設となっている。

なお、現在の正式名は単に「神宮」という。ほかにも神宮の名を冠する神社には、鹿島神宮、香取神宮、明治神宮などがあるが、古代には大神宮といえば伊勢神宮をさしていた。

伊勢神宮の神職は独特で、トップには祭主という役職があり、その下に実務を仕切る大宮司がいる。近世まで祭主は中臣氏の一族が務めたが、明治維新後はもっぱら皇族から祭主が選ばれるようになった。とくに戦後は、昭和天皇の皇女だった和子内親王(鷹司和子)、厚子内親王(池田厚子)など、皇族だった女性が祭主を務めるのが通例となっている。

現代の神社では女性の神官は少数派なので、伊勢神宮のトップが女性というのはちょっと意外かもしれない。だが、じつは古代から中世の南北朝時代まで、伊勢神宮には斎王《いつきのひめみこ》（斎宮《さいぐう》）という巫女王があり、未婚の皇女が天皇に代わって皇祖神を奉祭していた。日本の歴史では女性

大玉串を手に伊勢神宮外宮の新社殿に向かう祭主の池田厚子さん（共同通信社）

の神官はめずらしい存在ではない。邪馬台国の女王だった卑弥呼も宗教的な儀式を司る巫女だ。『日本書紀』には仲哀天皇の妃であった神《じん》功《ぐう》皇后が神がかりして巫女を務めたという話も出てくる。

とはいえ、歴代の斎王は何かと不自由な身分だった。都とは遠く離れた伊勢で暮らし、神宮に仕えている間は結婚もできず、当然ながら男性と接する機会もない。しかも、天皇の代替わりや親族の死去などがない限り交代はできなかった。

ちなみに、伝承によれば初代の斎王とされるのは垂仁天皇の皇女の倭姫命《ヤマトヒメノミコト》だ。彼女は熊襲征伐を行った日本《ヤマ》武尊《トタケルノミコト》のおばにあたり、日本武尊が東国への遠征に向かう途中で伊勢神宮に立ち寄ったおり、皇室の三種の神器のひとつである草《くさ》薙剣《なぎのつるぎ》を授けたといわれる。

MYSTERY
053

アマテラスと歴代天皇を祀る「神宮」とほかの神社はどう違う？

日本には約8万もの神社があるという。通常の「神社」のほか、天満宮や香椎宮のように「宮」と呼ぶ神社もあれば、「大社」としている神社もある。このような、神社の固有名詞の下につく神社名を社号という。なかには熊野権現や神田明神のように、神の名前を社号にしたり、伏見稲荷や鶴岡八幡のように、社号までいわなくても知られた神社も少なくない。そんな**社号のなかでも別格とされているのが、伊勢神宮に代表される「神宮」だ。**

戦前まで、神社は国家によって統制され、神社には社格というものがあった。古代には天照大神をはじめとした天津神を祀る天津社と、大国主命に代表される国津神を祀る国社《くにつやしろ》に分類されていた。律令制の時代になると、国の神祇官が所管する官幣社《かんへいしゃ》と、各地の国司が所管する国《こく》幣社《へいしゃ》に分けられた。神社は国から奉幣《ほうへい》を受けるが、遠方の国幣社は国司が代行していた。それぞれ大社と小社があり、明治時代には大中小と分けられている。

中世には、国司が奉幣する順番を決めるために、有力な神社を一宮、二宮、三宮とランク付けした。これにより神社の統合が進み、複数の神が祀られることも起きた。さらに、広く信仰を集める神社は、地方にも分社ができ、本社と分社、末社などに分けられるようになった。

　こうした神社の枠内に入らないのが神宮といえるだろう。古代には伊勢神宮のほか、日本最古の神社である石上《いそのかみ》神宮、また出雲大社も出雲大神宮と呼ばれていた。平安時代の『延喜式神《えんぎしきじん》名帳《みょうちょう》』では、伊勢神宮、鹿島神宮、香取神宮の3社のみを神宮としている。

　明治以降、明治天皇を祀った**明治神宮が創建されると、歴代天皇を祀っていた神社も社号を神宮に改めた。**初代神武天皇を祀った橿原《かしはら》神宮、38代天智天皇を祀る近江神宮、50代桓武天皇と121代孝明天皇を祀る平安神宮などだ。

　神宮を名乗るには勅許が必要だったが、基本的には、**天皇を祀ったものを神宮、皇族を祀ったものを宮、それ以外の功臣などを祀る場合は神社**としていた。ただ、16代仁徳天皇を祀る高津宮や難波神社は神宮号を使わないなど、厳格なものではない。天孫である瓊瓊杵尊《ににぎのみこと》を祀った霧島神宮や、三種の神器のひとつ天叢雲剣をご神体とする熱田神宮など、天皇を祀っていなくとも神宮と呼ばれるところもある。また、八幡神は15代応神天皇と同一視されるが、神仏習合して八幡大菩薩とも呼ばれている。社号は、八幡宮としているところもあれば、八幡神社としているところもある。いっぽう、母の神功皇后とともに祀っている宇佐神宮は神宮号だ。

　戦後の神社は、国家の統制を離れたため、いちいち社号に勅許をとる必要はなくなった。ただ、神宮号が由緒ある神社にしか名乗ることを許されないのは同じだ。戦後は北海道神宮、伊《い》弉諾《ざなぎ》神宮、英彦山《ひこさん》神宮の3社のみが、神社本庁から神宮を名乗ることを許された。

MYSTERY
054

天皇しか入れない場所もある伊勢神宮 明治時代まで参拝した天皇はいなかった？

現在は誰でも気軽に参拝できる伊勢神宮だが、「お伊勢参り」が流行したのは江戸時代のこと。中世より、神社には御師《おんし》という役職があり、各地に派遣されて参詣者を募っていた。伊勢神宮では、皇家の権力低下により援助が激減したため経営難に陥っていた。そこで、広く一般からも参詣客を募って収入増をはかった。また、お伊勢参りの場合は、幕府による農民の往来の制限も大幅に緩和されたことから、集団での伊勢神宮参詣が大流行することとなったといえる。

ただ、外宮でも内宮でも、天照大神と豊受大神を祀る「正宮《しょうぐう》」に入るには制限がかけられている。**正宮は、板垣、外玉垣《とのたまがき》、内玉垣、瑞垣《みずがき》という4重の垣根に囲まれており、一般の参拝客は板垣の中までしか見ることはできないのだ。**

外玉垣門より中に入って参拝することを御垣内参拝という、これには、一定の初穂料を払うか、伊勢神宮崇敬会の会員になる必要がある。いわば神宮への寄付で、20年に一度正宮を建て替える式年遷宮の資金となる。この寄付金額に応じて参拝場所が変わり、外玉垣南御門内、中重御鳥居際、内玉垣南御門外と3段階がある。首相などが参拝するのも内玉垣南御門外までだ。

それより先は皇族しか入れず、さらに瑞垣門が開けられるのは天皇が参拝するときだけとなる。

これほど皇室と関係の深い伊勢神宮だが、意外なことに江戸時代まで伊勢神宮に参拝した天皇はひとりもいなかった。**初めて参拝したのはなんと明治天皇**だ。

伊勢神宮の起源は神話時代までさかのぼり、正確なことは不明だ。11代垂仁天皇の代で現在の場所に落ち着いたというが、古来の神社には建物がなかった。そこで、40代天武天皇が社殿を建て、皇后から女帝となった41代持統天皇の代で完成したという。

ところが、持統天皇が参拝しようとしたところ、周囲から反対の声が上がったという。この理由には諸説あるが、天武天皇の私的な神社と考えられていたため、という説が有力だ。その後、天武天皇系の血筋が絶え、38代天智天皇系に皇統が移り顧みられなくなったという。仏教が盛んになったことで、神道への関心が薄くなったことも理由にあげられるだろう。

逆に、天照大神の怒りに触れることを恐れ、天皇が直接参拝することを避けたという説もある。皇族女性の斎王を置いたのも、伊勢神宮を畏れ敬ったためと思われる。

それから、単に財政難だったためという説もある。20年に一度の式年遷宮は、現代でも500億円以上かかるといわれている。鎌倉時代以降、武士に実権を握られた皇室は、御所の修繕費用にも事欠いていた。伊勢神宮が、独自に寄付金を募るようになったのもそのためだ。

明治以降は、国家神道の高まりとともに、伊勢神宮の重要性が見直された。国家神道が廃止されて以降も、今上天皇や皇族による、式年遷宮の年の参拝は恒例となっている。

MYSTERY
055

天皇に伝えられる秘儀行事 宮中祭祀にはどんな意味があるの？

天皇の仕事は、内閣の助言と承認のもとに行われる「国事行為」と、被災地の慰問や国賓へのもてなしなどの「国事行為以外の公務」に大別される。その他に重要な役目として「宮中祭祀」を継承し、執り行うことがある。本章ではこの宮中祭祀を中心ににスポットをあてる。

宮中祭祀は、天皇が行ってきたもっとも古い仕事といえる。現在の政治体制になるよりもももっと前から、どんなに政治的立場が変わろうとも、一貫して行ってきたものだ。

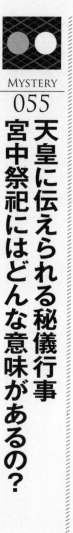

古代日本における指導者は、強大な力を祀る祭祀王という面も持っていた。邪馬台国の卑弥呼も「鬼道（呪術？）を事とし、能く衆を惑わす」存在だったという。神を祀ることが国を豊かにし、人心を安定させる手段だったのだ。大和朝廷もまた、勢力を広げる過程で地方豪族が祀っていた神を取り込んでいった。

大和朝廷にとっての神とは、太陽神である天照大神だ。それをつきつめれば稲作農業に行きつく。太陽が稲の育成に欠かせないように、天照大神をはじめとした天津神には稲作を連想させる神々が多い。そこで、天皇は作物を豊かにする神々を祀り、災害をもたらす神々を鎮め、祭祀によって国を安定させる役目を担うようになった。古来より政治的、軍事的に劣勢に追い込まれても、天皇という存在が無視できないものだったのはこのためとも考えられる。

宮中祭祀でもっとも重要なのも、**五穀豊穣を願い、そして収穫に感謝する祭祀**となる。このほか、昭和天皇祭など**祖霊を祀る祭祀**、そして、**年月の節目ごとに行われる祭祀**もある。大別してこの3つが、主要な宮中祭祀といえる。ほかには**災厄を祓う祭祀**もある。

宮中祭祀が行われるのは、皇居内の宮中三殿（賢所・皇霊殿《こうれいでん》・神殿《しんでん》）だ。賢所とは、皇祖天照大神が祀られている。皇霊殿には、歴代天皇・皇族の御霊が祀られている。そして神殿には、日本に存在するあらゆる神々が祀られている。

天照大神は伊勢神宮に祀られ、歴代天皇の陵墓も別の場所にあるが、すべて皇居内で済ませることができるというわけだ。もっとも、それぞれの天皇の命日に行われる天皇例祭のときは、その天皇の陵墓のある場所でも祭祀が行われる。

また、宮中祭祀には、天皇自身で祭典を行い、御告文《おつげぶみ》を奏上する**大祭**と、掌典長《しょうてんちょう》が祭典を行い、天皇が拝礼する**小祭**がある。掌典長とは、皇室の祭祀を執り行うための掌典職のトップだ。

現代の日本では、政教分離の原則により、宮中祭祀は国事ではなく天皇が行う私的行為とされている。そのため、**掌典職の職員も国の機関である宮内庁とは別に、皇室の内廷費（生活費）から給与が支給されている。**宮中祭祀が国民に公開されることはめったになく、その意味を知る人も少ない。それでも、天皇は人知れず国民の安全と繁栄を祈ることを続けているのだ。

MYSTERY

056

宮中儀式で重要な御神体は じつは誰も見たことがなかった？

天皇の皇位を正統と証明するために必要とされる三種の神器のうち、天叢雲剣と八尺瓊勾玉《やさかにのまがたま》（璽《じ》）は天皇の側にあり、天皇の寝室の隣にある剣璽《けんじ》の間にて安置されている。八咫鏡《やたのかがみ》は、宮中三殿の賢所に神体として唐櫃《からびつ》に納められている。

もっとも、熱田神宮にも天叢雲剣が祀られており、八咫鏡は伊勢神宮の御神体として本宮にある。皇居にあるのが形代であることは一章でも述べた通り。そして、神聖な三種の神器は天皇でさえ見ることはできない。我々が三種の神器の並んだ写真として見ているものは、考古学的見地から当時の剣、鏡、勾玉を再現したものであって、あくまでイメージでしかないのだ。

御神体を見ることを禁じるというのは、神道に限らない。仏教でも御本尊を非公開にしている寺も少なくない。そもそも御神体とは、神の宿ったものとして神と同一視された存在。昔は神を直視することは畏れ多いこととされ、強すぎる神の気を受ければ「見ると目が潰れる」などとも言われた。全国の神社の御神体も、山や森の場合は禁足地とされていた。

古代には、見るという行為は、それだけで見られたものを穢すことと考えられていた。日本神話では、黄泉の国を訪れたイザナギが、イザナミの腐った死体を見てしまったことから、両者の関係は絶たれて、黄泉と現世も断絶した。見るなといわれながら見てしまったという事例は、神話にも民話にも数多いが、大抵は悲劇的なエンディングを迎えている。

神は人の目には見ることのできない存在だ。天皇に継承される神器ともなれば、形代といえどもその神聖さは疑いようもなく、継承者である天皇も容易には見ることはできない。

もっとも見るなといわれると見たくなるのが人の性で、これまで見ようとした天皇がいなかったわけではない。57代陽成天皇は、天叢雲剣を抜いたが夜にもかかわらず剣が光り輝き、勝手に鞘《さや》に収まったという。63代冷泉《れいぜい》天皇は、八尺瓊勾玉を見ようと箱の蓋を開けたところ、煙がたちのぼったため、恐ろしくなりすぐに閉めたという。どちらも乱行により退位させられており、悪評を高めるための中傷とも考えられるが、神器の霊性を高める話となっている。

天皇として初めて伊勢神宮に参拝した明治天皇は、初めて本宮の奥まで進んで八咫鏡を見たという。ただ、その後あらためて内宮の奥深くに安置されることとなった。その後、再び見ることは禁じられているが、その理由は謎だ。

現在、伊勢神宮の式年遷宮の際には天皇も参拝されるが、そのとき剣と勾玉も携行し、三種の神器を揃えることになっている。ただ、剣も勾玉も布で覆われ箱に納められて誰も見ることはできない。また、伊勢神宮の本殿に進むことはできても、天皇は中を見ることはなく、本殿の前で参拝するのみで、鏡を見ることはできない。

MYSTERY
057

心身を浄化して穢れを祓う神道の伝統行事はなぜ禊にこだわる？

宮中祭祀にあたって、天皇は穢れを祓う禊を行う。穢れとは、天《あま》つ罪、国《くに》つ罪と呼ばれる罪と並ぶ不浄なものの代表だ。**ケガラワシが転じたものとされ、「気枯れ」「気離れ」などとも表されるように、ケガレに触れると生気が衰える**と考えられた。

神は不浄をもっとも嫌い、罪を犯したものを遠ざける。とくに死や血、女性などが穢れの代表であり、神域では死者を入れることはもちろん、死者に近い者も立ち入ることは忌避された。そのほか、排泄物や分泌物なども不浄なものと考えられる。神から見れば、人は生まれながらに穢れを持った存在だともいえるだろう。

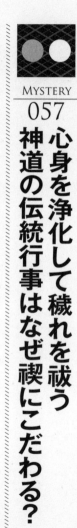

ただ、こうした不浄なものを浄化する方法もある。それが御祓いと禊だ。**御祓いは神職にあるものが罪を祓い清めるためのもの。禊は穢れを祓い落とすために行うものといえる。**

初めて禊を行ったのは、天照大神の父であるイザナギだ。イザナミに追われて黄泉の国から帰ったイザナギは、筑紫（宮崎県）の阿波岐原《あわぎがはら》で禊を行った。

イザナギが海に入って衣服や腕輪を取ると、黄泉の穢れからは禍々《まがまが》しい神が生まれ、その禍々しいものを直す神も生まれた。また、綿津見神《わたつみのかみ》など海を司る神が生まれている。そして、体を清めたあとに左の目を洗うと天照大神が、右の目を洗うと月読命《ツクヨミノミコト》が、そして鼻を洗うと須佐之男命《スサノオノミコト》が生まれている。

皇統の祖である天照をはじめ、三貴神は禊から生まれているために清浄な存在であり、それだけ余計に清浄さが好まれるのだともいえる。

禊は「水ぎ」ともいい、体についた汚れを清浄な水で洗い落とすことだ。とくに海水に含まれる塩が浄化の作用があるとして、葬儀のあとに清めの塩をかけたり、店先に盛り塩をしたり、相撲で土俵に入る前に塩をまくのも禊の意味がある。

いっぽうで、真水であっても禊の効果は変わらない。水で洗い流すとその穢れは川に流れ込み、やがて海に流れ込んで穢れを浄化する。祭りの際に、神の乗り物である神輿をかつぐ前に水をかぶったり、神事の前に水ごりをしたり、修験道で滝行を行うのも禊のためだ。神社の手水舎で手を洗い、口をすすぐのも簡略化した禊といえる。

また、火にも浄化の作用があると考えられていた。穢れのついた物を燃やすと、それは煙となって空に飛んでいく、やがてそれが雨となって海に降るため、同様の効果が得られるというわけだ。いまでも火祭りやどんど焼きといった風習が残されている地域は少なくない。

古代には、天照大神の末裔とされる天皇も、清浄な存在とみなされたのだろう。俗世という穢れの多い地上に在ることから、より穢れが忌避されたのだと考えられる。

MYSTERY
058

宮中祭祀でもっとも重要な儀式 新嘗祭ってどんなことをするの？

さまざまな宮中祭祀のなかでも、重要なのが新嘗祭（にいなめさい、しんじょうさい）だ。これは、五穀豊穣を祝う秋の収穫祭であり、翌年の豊作を祈るものでもある。**毎年11月23日に、宮中三殿近くの神嘉殿《しんかでん》で、その年に収穫された五穀を神に捧げ、また、自分でもこれを食べて収穫に感謝する**ものだ。新嘗祭で神々に供えられる米は、全国の県から選ばれて、皇室献上米として育てられる。献上米の耕作地には鳥居が建てられ、御田植祭から献穀祭まで季節ごとの行事を経て、自治体が責任を持って献上する。また、天皇自身が育てられた米も一緒に供えられる。

起源は、稲作農業が始まった弥生時代、稲の魂を祀ったニヒナへの儀礼までさかのぼるといわれる。天皇の儀式として確立したのは飛鳥時代あたりからのようだ。

天皇が農業に関する祭祀を司ることは前にも述べたが、作物の実りを祝うのは自然なことでもあり、全国的に秋の収穫祭は行われている。同時に、税として徴収される穀物は、国を繁栄させる土台でもあった。新嘗祭は、神に捧げるのと同時に、1年間懸命に働いてきた農民をねぎらう意味でもあった。現在、11月23日が、勤労感謝の日として国民の休日になっているのも、政教分離のために新嘗祭を国の行事からはずし、収穫を国民とともに祝い、互いに感謝しあう日としたためだ。

この**新嘗祭のなかでも、天皇に即位して最初に行われるものは大嘗祭と呼ばれる。**即位中に1度しか行われないことから、天皇にとってはとくに重要な儀式となる。律令制のころには、一世一代の祭儀として「践祚《せんそ》大嘗祭《だいじょうさい》」とも呼ばれた。大嘗祭は、天照大神の神霊性と、日本の稲作文化という伝統を、次の天皇が継承するものだともいえるだろう。

大嘗祭の年は即位の礼が行われる年でもあり、関連した儀式が1年を通じて行われる。まず、春には大嘗祭のための米を献上する斎国《いつきのくに》として、京より東の悠紀《ゆき》国、西の主基《すき》国の2ヵ所が選ばれる。夏には地鎮《じちん》祭を行い、稲刈りにあたる抜穂の前日には大祓《おおはらえ》、翌日に斎田抜穂の儀が行われる。このとき、最初に抜いた4束が、御飯《みい》として供えられる。

大嘗祭の前には即位の礼を済ませ、11月に入ると物忌《ものいみ》の時期に入り、穢れに触れることを控え、開催2日前に御禊《ぎょけい》と大祓が行われる。御禊とは天皇が水ごりによる禊を行うことだが、江戸時代までは川で行っていたというからなかなかハードだ。前日には鎮魂の儀が行われて、いよいよ大嘗祭当日となる。当日は宮中三殿を巡って米を備える。深夜には、特設された悠紀殿、主基殿を巡り、御飯を神に奉じ、告文を奏した後に直会で奉じた米を食する。大嘗祭は、朝から深夜までかかるもっとも大事で、もっとも大変な儀式といえる。

MYSTERY
059

1年を通して天皇は超多忙 最初の宮中行事、最後の宮中行事は？

毎年1月2日に行われる新年一般参賀は、庶民が天皇陛下を間近で見られるチャンス。長和《ちょうわ》殿《でん》のベランダにて、天皇、皇后、皇太子以下皇室ご一家が総出で、国民に手を振ってくれる。

ただ、天皇の仕事は、元旦早々から始まっている。一般市民がまだ寝ているであろう**早朝から「四方拝《しほうはい》」という儀式が行われる**のだ。国の安泰や豊作を祈るためのもので、朝5時30分から、黄櫨染御袍《こうろぜんのごほう》という古式の装束を身に着けて神嘉殿《しんかでん》の前庭に出る。

それから、まず伊勢神宮の内宮と外宮に向かって拝礼し、次に四方の神々に向かい拝礼する。対象となるのは伊勢神宮のほか、天神地祇《ちぎ》（すべての天津神と国津神）、神武天皇陵、明治・大正・昭和の先帝三陵墓。そして氷川神社、賀茂別雷《かもわけいかづち》神社、賀茂御祖《かもみおや》神社、石清水八幡宮、熱田神宮、鹿島神宮、香取神宮となっている。この四方拝は、代理人に代わりにやってもらう**御代拝が認められない**、天皇にしかできない重要な儀式だ。冬の寒空に御高齢の陛下が行うには、なかなか厳しい仕事といえるだろう。その後、宮中三殿（賢所・皇霊殿・神殿）を巡って、今年一年の加護を願う「歳旦祭《さいたんさい》」が行われる。

■宮中祭祀一覧

1月1日	四方拝《しほうはい》	6月30日	節折《よおり》、大祓《おおはらい》
	歳旦祭《さいたんさい》	7月30日	明治天皇例祭《めいじてんのうれいさい》
1月3日	元始祭《げんしさい》	秋分の日	秋季皇霊祭《しゅうきこうれいさい》
1月4日	奏事始《そうじはじめ》		秋季神殿祭《しゅうきしんでんさい》
1月7日	昭和天皇祭《しょうわてんのうさい》	10月17日	神嘗祭《かんなめさい》
1月30日	孝明天皇例祭《こうめいてんのうれいさい》	11月23日	新嘗祭《にいなめさい》
2月17日	祈年祭《きねんさい》	12月中旬	賢所御神楽《かしこどころみかぐら》
春分の日	春季皇霊祭《しゅんきこうれいさい》	12月23日	天長祭《てんちょうさい》
	春季神殿祭《しゅんきしんでんさい》	12月25日	大正天皇例祭《たいしょうてんのうれいさい》
4月3日	神武天皇祭《じんむてんのうさい》	12月31日	節折《よおり》、大祓《おおはらい》
	皇霊殿御神楽《こうれいでんみかぐら》	毎月1、11、21日	旬祭《しゅんさい》
6月16日	香淳皇后例祭《こうじゅんこうごうれいさい》		

祭祀はここまでで、その後は宮殿の松の間にて皇族、三権の長、各界の代表者、各国大使などから新年の祝賀を受ける「新年祝賀の儀」が開かれる。こちらは公務にあたる。

天皇が行う祭祀は、年間15から、ときには30を超える。その間に国事行為をはじめとしたご公務、行幸、国際親善なども行う。また、毎月1のつく日に「旬祭」があり、掌典長が祭典を行うが、原則として月頭の1日には天皇の拝礼がある（現在は、年に2回となっている）。**天皇は常に国民のために動き、祈るのだ。**

一年の最後に行われるのが「節折《よおり》」と「大《おお》祓《はらい》」だ。これは6月30日と12月31日と年2回行われる御祓いの儀式だ。節折は天皇のために行われ、大祓は皇族をはじめ国民のために行われる御祓いとなる。どちらも半年の間に蓄積された穢れを祓い清めるものだ。

MYSTERY
060
消えた幻の宮中行事「曲水の宴」って何？

皇室の行事は、古来より受け継がれてきたものが多い。だが、なかには昔は行われていたものの、現代ではなくなってしまった行事もある。そのひとつが、「曲水の宴」だ。

これは、3月3日の桃の節句の日に、水の流れる庭園で行われるものだ。まず、参加者たちは流れの淵に適度な距離を置いて座り、酒を注いだ盃を流れに浮かべる。そして、**流れてくる盃が自分の前を通り過ぎるまでに和歌を詠み、盃の酒を飲んで次へ流す。**次の人も同じように、盃が流れていってしまう前に歌を作る。こうしてたくさんの歌ができあがると、室内に戻り、作った和歌を披露しあうという行事である。別名を、流觴《りゅうしょう》、曲水、曲宴ともいう。

もともとは中国の古い風習で、紀元前10世紀の周公の時代に始まったとも、紀元前3世紀の秦の時代に始まったともいう長い歴史を持っている。朝鮮半島でも12世紀ごろまでは盛んに行われていたようだ。

日本に入ってきたのがいつなのかは正確には不明だが、**5世紀ごろの第二十三代・顕宗天皇のときに宮廷の儀式として行われたと『日本書紀』に記されており、これが最初とされている。**

京都・城南宮では年２回（４月29日と11月３日）に曲水の宴が開かれている

奈良時代からは宮中行事として完全に定着し、毎年、桃の節句の日に行われるようになった。また、平安時代には宮中のみならず、貴族の邸宅などでも開かれるようになった。

だが、いつしか宮中行事としては行われなくなってしまう。みんなで酒を飲みなが歌を詠むというのが、あまりに遊興の色が強すぎたためかもしれない。実際、**９世紀の第五十一代・平城天皇の時代に、宮中行事としては一度廃止されたともいう。**あるいは、次第に武家が強くなっていったことで、皇族や貴族に、このような遊びをする余裕がなくなってしまったのかもしれない。

現在では、福岡の太宰府天満宮や京都の賀茂別雷神社などで「曲水の宴」が開かれている。だが、**これらはすべて近代に入ってから再現されたものである。**

MYSTERY

061

年頭の「歌会始」には皇族以外も参加している？

人々が集って短歌を披露しあうことを「歌会」といい、とくにその年の一番初めに行われる「歌会」を「歌会始」という。それゆえ、趣味の短歌サークルなどでも「歌会始」という言葉は使われるが、やはり「歌会始」と言えば、一般的にイメージされるのは皇居で1月に行われるものだろう。この皇居での「歌会始」は毎年、ＮＨＫで生中継されている。

宮中行事としての「歌会始」の起源は明確ではないが、鎌倉時代中期にはすでに行われていたという記録がある。以後、何度か中断はあったようだが、江戸時代以降は、ほぼ毎年行われている。**明治以前の「歌会始」は皇族や貴族だけで行われていたが、１８７４（明治７年）から、広く国民から短歌を募集するようになった。**ただ、そのころは選ばれた歌が詠まれるだけで、「歌会始」が行われる式場には国民は参加できなかった。

大きな変化があったのは、戦後のことである。まず、国民から送られてくる短歌は、戦前は御《お》歌《うた》所《どころ》という宮内庁の部局が選定していたが、戦後は指名された民間の歌人が選定するようになった。そして、**歌を選ばれた国民は皇居に招かれ、天皇や皇族の前で、自分の歌が詠みあげ**

られるようになったのである。さらに、天皇、皇后両陛下との拝謁や選者との懇談の機会も設けられている。昔から短歌のうまさによって宮中で出世した者は多かったが、現代でも短歌のでき次第では、皇族とお近づきになることもできるのだ。

とはいえ、そのハードルはかなり高い。毎年の「歌会始」ではお題が決められ、それ自体は「光」「月」「草」など平易なものばかりである。だが、応募できるのは1人一首のみ。しかも、半紙を横長に用い、お題と短歌のほか、郵便番号、住所、電話番号、氏名、生年月日、性別および職業まで、**すべて毛筆で書かなければならないのだ**（病気や身体障害のため毛筆で書くのが難しい場合は、例外も認められている）。半紙を縦長に使っただけで失格というから、なかなか厳しい。それでもチャレンジしてみようと思う人は、毎年9月30日が締め切りなので応募してみるのもいいかもしれない。ちなみに、来年2018（平成30）年のお題は「語」。応募規定によれば、「語」の文字が歌に詠み込まれてさえいれば、「語感」や「物語」といった熟語でも、「語る」や「語らふ」のような訓読でも問題ないとなっている。

ところで、天皇をはじめとする皇族は、気軽に個人的な意見や心情を発言できない立場にいる。そのため、そういった**個人的な思いを歌に託して訴えることも多い。**そういう意味でも、「歌会始」は毎年大きな注目を集めている。自由に発言できなかったのは戦前も同じで、昭和天皇は戦時色が濃くなってきた1933（昭和8）年の「歌会始」では、「あめつちの神にぞいのる朝なぎの海のごとくに波たたぬ世を」と戦争への懸念を歌にしている。

MYSTERY
062

各界の専門家が天皇に講義する「ご進講」のバラエティ豊かな内容とは?

「ご進講」とは、学者などの専門家が、天皇に対して学問の講義をすることである。閣僚や官僚が天皇に国内外の情勢を報告する行為が「進講」と呼ばれることもあるが、一般的には学問的な講義を指していうことのほうが多い。

皇居では毎年1月に正殿松の間において、**天皇、皇后両陛下が人文科学、社会科学、自然科学の3分野から専門家を招いて話を聞く、「講書始の儀」という行事がある。**これは、1870(明治2)年に明治天皇が学問奨励のために始めたもので、当初は国書(日本の書物)と漢書(中国の書物)についてのご進講が行われていた。やがて、これに洋書が加わるようになり、1953(昭和28)年から現在のような3分野となった。各分野は、それぞれ約15分間の講義で、計約45分となっている。

この「講書始の儀」では、天皇、皇后だけではなく、皇太子をはじめ皇族も列席する。また、文部科学大臣、日本学士院会員、日本芸術院会員なども陪聴する。**学問の説明をする「ご進講者」と、その「ご進講題目」は公表されており、それを見るだけでも、かなり幅広く、専**

■過去３年のご進講の進講者と題目のリスト

平成 27 年	川本皓嗣《かわもとこうじ》	東京大学名誉教授	さくさくと ——近代短歌を比較文学的に読む
	白石《しらいし》　隆《たかし》	政策研究大学院大学 学長・教授	東南アジアの政治経済と国際関係
	中西重忠《なかにししげただ》	京都大学名誉教授	学習と記憶の脳のしくみ
平成 28 年	佐藤彰一《さとうしょういち》	名古屋大学名誉教授	西洋中世修道院の文化史的意義
	猪木武徳《いのきたけのり》	大阪大学名誉教授	技術と労働と生産性の 関係について
	佐藤勝彦《さとうかつひこ》	大学共同利用機関法人 自然科学研究機構長	宇宙はどのように始まったのか? —現代物理学が描く創世記—
平成 29 年	塩川徹也《しおかわてつや》	東京大学名誉教授	人は今を生きることができるか —パスカルの時間論
	毛里和子《もうりかずこ》	早稲田大学名誉教授	当代中国研究—系譜と挑戦
	榊《さかき》　佳之《よしゆき》	東京大学名誉教授	ゲノムから見た人間，人間社会

門的な話がされていることがわかる。たとえば、２０１７（平成29）年の「講書始の儀」では、塩川徹也・東京大学名誉教授による「人は今を生きることができるか—パスカルの時間論」、毛里和子・早稲田大学名誉教授による「当代中国研究—系譜と挑戦」、榊佳之・東京大学名誉教授による「ゲノムから見た人間、人間社会」の３つのご進講がなされた。

　そのほか、平成以降のものに限っても、「二十一世紀を拓くロボット」「中国古代の技術思想」「フィルダム工学の進歩」「サンスクリット語について」など、ご進講の題目は多岐にわたっている。また、「経常収支黒字・赤字の原因」「中国における民族主義と共産主義」「日本人の政党支持意識」「日本的雇用システムと労働法制」など、**わりと生々しい政治や経済に関するご進講も行われている。**

MYSTERY

063

宮中の雅楽担当はクラシックも演奏する？

雅楽というのは、日本独自の音楽のことだ。ただ、日本独自とはいうものの、アジア各地の音楽が融合されたものでもある。もともと、古代の日本には神楽歌や大和歌、久米歌などがあったが、これらは音楽的には極めて素朴なものであったと考えられている。5世紀ごろから東アジア各地の音楽が中国や朝鮮半島を経て、仏教とともに日本に伝来。10世紀ごろには現在我々が聴くことができる雅楽の形に完成したとされる。

雅楽で使われる楽器は、笙《しょう》、篳篥《ひちりき》、龍笛《りゅうてき》、高麗《こま》笛、神楽笛、楽《がく》太鼓、大太鼓、鉦鼓《しょうこ》、羯鼓《かっこ》、三《さん》ノ《の》鼓《つつみ》、楽琵琶、楽箏《そう》、和琴《わごん》などだ。このうち、**笙、篳篥、楽琵琶などはアジア各地に起源を持つ楽器である。**このことからも、雅楽の成立過程がよくわかるだろう。

752（天平勝宝4）年の東大寺大仏の開眼法要の際に、大規模な雅楽の演奏が行われたという記録があり、平安時代以降は、宮中音楽として発展していった。現在も、**宮内庁には式部職楽部という部署があり、そこに所属する楽師たちが宮中儀式などで雅楽を演奏している。**

宮中儀式のほかにも、晩餐会や、春と秋の園遊会などでも宮内庁式部職楽部の演奏を聴くこ

宮内庁楽部で行われた雅楽演奏会（共同通信社）

とができる。また、**雅楽の一般への普及のために、国立劇場や皇居内で毎年春秋2回の演奏会が開かれ、地方での演奏会もある。**雅楽をちゃんと聴いたことがあるという人は少ないだろうが、その気になれば聴く機会はたくさんあるのだ。さらに、宮内庁式部職楽部は、外務省などの要請などを受け、日本文化を紹介するために海外公演なども行ってきている。

ところで、宮内庁式部職楽部の人たちはクラシック音楽の演奏もできるのだろうか？　結論からいうと、彼らはクラシックの演奏もこなしてしまう。晩餐会などは外国からの賓客を招いて行われることも多い。そんなときは、楽器を洋楽器に持ち替え、しっかりクラシックの演奏もするのだ。ちなみに、**宮内庁式部職楽部は日本のクラシック楽団のうち、最古のひとつでもあるという。**

MYSTERY
064
宮内庁が保護している御料鵜飼とは？

鵜飼いとは、鳥の鵜を使って鮎などの魚を獲る漁法のことだ。具体的には、まず鵜匠と呼ばれる人たちが紐で繋いだ5羽から10羽程度の鵜を川に放ち、鵜に魚を獲らせる。だが鵜の首には紐が巻きついているため、一定以上の大きさの魚を飲み込むことができないようになっている。そこで、鵜匠は魚を喉に入れたままの鵜を回収し、吐きださせるのである。

この漁法で獲れる魚は、鵜が丸呑みしているのでほとんど傷がついておらず、食道で一瞬で気絶しているため鮮度もいい。それゆえ、とくに鮎などは献上品として珍重されてきた。

そんな鵜飼いの歴史は古く、『日本書紀』や『古事記』には、すでに初代・神武天皇の時代に鵜飼いが行われていたとする記述がある。また、7世紀の**中国の歴史書『隋書』のなかにも、日本のめずらしい漁法として紹介されている。**天皇との関係も深く、**7世紀には宮内省大膳職という宮中の食事や儀式の饗膳を司った役所に鵜飼部という役職が置かれ、**専属の鵜匠が鵜飼いによって魚を獲って、朝廷に貢納していたという記録も残されている。

その後、日本各地の鵜飼いは諸大名の保護のもとで続けられたが、明治維新が起きると大名

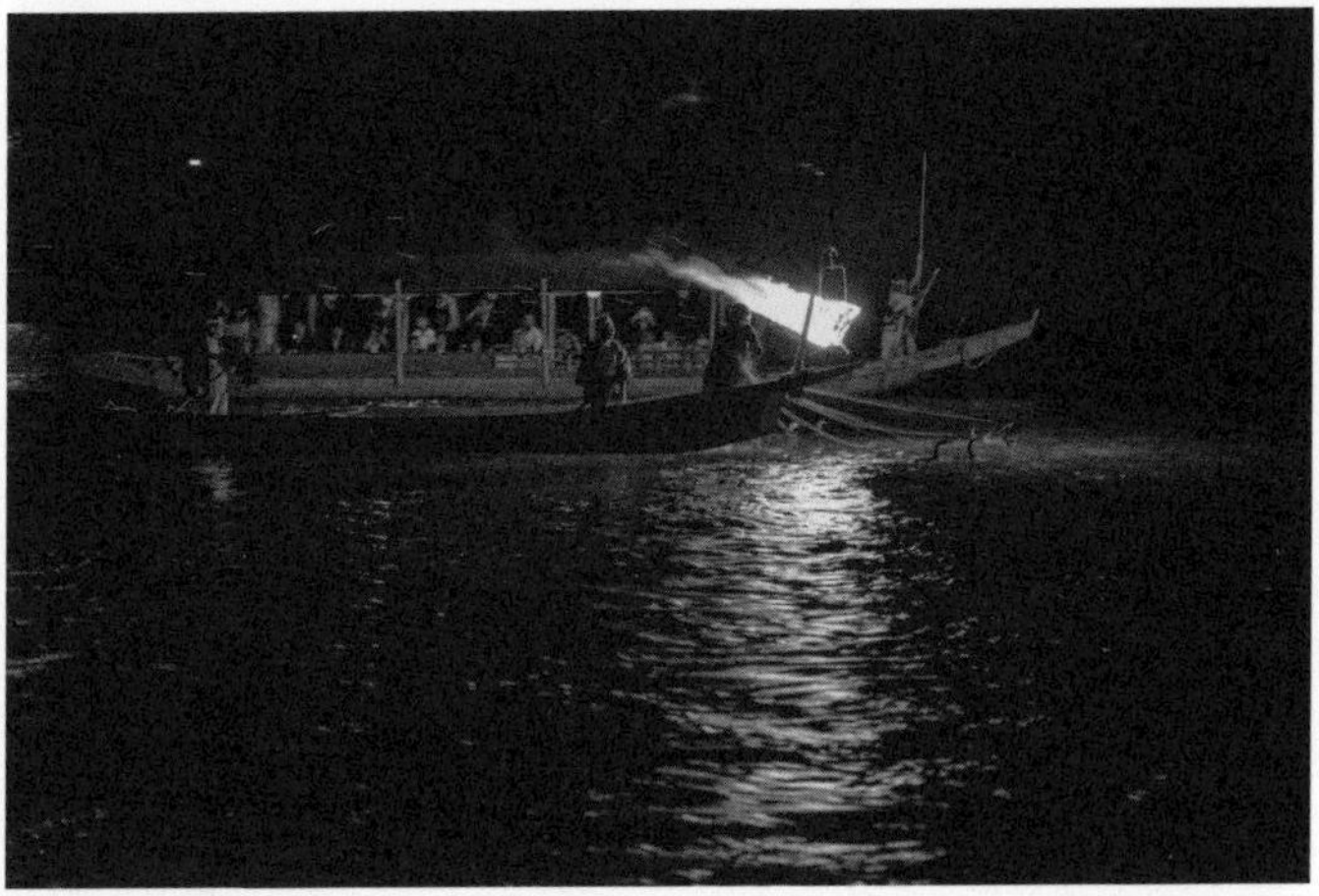
長良川の鵜飼いの風景

の保護もなくなり、さらに近代的な漁法と比べると効率が悪かったこともあって、次第に衰退するようになっていった。だが、1890（明治23）年に、鵜飼いの消滅に危機感を抱いた当時の岐阜県知事の要請を受け、宮内省（当時）は同県の鵜匠に宮内省職員の身分を与えることを決定。同時に、岐阜県を流れる長良川に3ヵ所の御料場を設置し、鵜飼い漁が継続されることとなった。御料場とは、皇室が漁業する権利を持っている場所のことである。

現在も長良川で漁をする鵜飼いは、宮内庁式部職鵜匠という正式な宮内庁職員の身分を持っている。いわば、奈良時代と同じ状態になっているのだ。そして、長良川の御料場で行われる年8回の鵜飼いは、「御料鵜飼」と呼ばれ、そこで獲れた鮎は天皇から総理などに下賜され、さらに明治神宮、伊勢神宮にも奉納されている。

MYSTERY
065

京都御所で行われる「蹴鞠」は日本サッカー界とも浅からぬ関係

皇室は多くの日本の伝統文化を保護しているが、「蹴鞠《けまり》」もそのひとつだ。蹴鞠とは古代の中国大陸から伝来し、平安時代に貴族の間で愛された球戯だ。

日本で定着している基本的な競技の形式は、円陣パスの要領で数人が輪になって鹿革製の鞠を蹴り上げ、どれだけ鞠を落とさずに蹴り続けられるかを競うというものだ。ボールを蹴る技芸なのでサッカーの元祖ともいえるが、チームに分かれて対戦するものではない。しかし、その動きはリフティングやパスの技術に通じるものがある。

明治維新後に蹴鞠は衰退したが、1903（明治36）年には明治天皇が下賜金を出資し、有志による蹴鞠保存会が結成された。現在も天皇皇后両陛下が京都御所を訪問されたときは、蹴鞠を観賞されることがある。京都御所は例年、春と秋に一般公開されているが、このときも蹴鞠保存会による実演が披露される、参加者の服装は平安貴族そのままの衣冠束帯だ。

そんな皇室との縁も深い蹴鞠、現代の日本サッカー界とも無関係ではない。京都市上京区にある白峯神宮には、蹴鞠の守護神とされる精大明神が祀られている。**白峯神宮には多くの球技**

京都御所で蹴鞠を見学する天皇皇后両陛下（共同通信社）

選手が試合の勝利や技能上達のため参拝し、サッカーやバレーボールの日本代表が奉納したボールもある。

　また、京都市左京区にある下鴨神社では、2014（平成26）年には、サッカーワールドカップのブラジル大会で日本の勝利を祈願するための奉納蹴鞠が行われた。このときは、元日本代表の中田英寿氏も立ち会っている。

　ちなみに、神道には精大明神とともにサッカー界と縁深いキャラクターがいる。JFA日本サッカー協会のシンボルマークとして、サッカー日本代表のユニフォームに描かれている八咫《やた》烏《がらす》だ。

　3本の足を持つ八咫烏は、神話によれば神武天皇の東征のとき熊野で道案内をしたといわれ、そこから転じて、ボールをゴールに導くようにという願いが込められているという。

MYSTERY

066

現在も形を変えて残っている戦前までの「天長節」とは?

明治時代には、皇室にまつわる「三大節」と呼ばれる祝日があった。すなわち、皇居で新年の祭祀である「四方拝」が行われる1月1日、建国記念日にあたる2月11日の「**紀元節**」、そして明治天皇の誕生日にあたる11月3日の「**天長節**」だ。

天長節という名称は、天地が永久不変であることを示す「天長地久」(『老子』)という言葉に由来する。天皇誕生日の天長節と対応するように、皇后の誕生日は「地久節」と呼ばれた。地久節は祝日とはならなかったが、女学校などでは休日として祝賀会が行われた。

明治天皇が崩御したのちは、在位中の天皇である大正天皇、続いて昭和天皇の誕生日が新たな天長節となり、明治天皇の誕生日は「**明治節**」と呼ばれるようになった。大正期以降は、先の三大節に明治節を加えて「**四大節**」と呼ぶようになる。

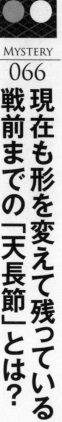

昭和天皇の誕生日は4月29日、大正天皇の誕生日は8月31日だ。ただし、大正期の天長節の祝賀は10月31日に行われた。これは、8月は「大暑中」とされたためだ。

天長節が祝日とされたのは、明治時代に入って以降だ。そもそも、日本では近世まで、毎年

■天長節と地久節

【天長節】		
明治	明治天皇	11月3日
大正	大正天皇	10月31日（※誕生日は8月31日）
昭和	昭和天皇	4月29日
平成	今上天皇	12月23日
【地久節】		
明治	昭憲皇太后	5月9日
大正	貞明皇后	6月25日
昭和	香淳皇后	3月6日
平成	美智子皇后	10月20日

誕生日を祝うという習慣が一般的ではなかった。**ただ、奈良時代にも光仁《こうにん》天皇が775（宝亀6）年に天長節の儀と祝宴を行ったという記録がある。**しかし、それ以来1000年以上にわたって、天長節の制度はほぼ完全に途絶していたという。

戦後も、天長節は天皇誕生日と名を変えて引き続き祝日となっている。天皇誕生日には天皇が皇居内にある宮中三殿を巡拝する「天長祭」が行われるが、これも明治期に始められて現在まで続いている祭祀だ。

昭和天皇の誕生日は、植物学に造詣が深かったことから「みどりの日」として残された。さらに、2007（平成10）年からは「昭和の日」とされ、5月4日が「みどりの日」となっている。いっぽう、11月3日の明治節も「文化の日」として存続している。

MYSTERY
067
近代にできた建国記念の日はどうして2月11日なのか?

2月11日は「建国記念の日」となっている。正確には「建国記念日」ではなく「の」が入るところがポイントだ。この日は戦前まで「紀元節」と呼ばれていた。皇室では古代からこの日が祝われてきたわけではなく、1872(明治5)年に定められた祝日だ。

紀元節の起源は神武天皇の即位の日とされている。その年月日は、『日本書紀』の記載によれば「辛酉《かのととり》年春正月庚辰《かのえたつ》朔《ついたち》」だ。何年に該当するかは、通説では紀元前660年とされており、正月なので当時の暦での1月1日ということになる。だが、そのまま1月1日を紀元節とはせず、1873(明治6)年1月29日が旧暦の1月1日に該当することから、当初はこの日を紀元節と定めた。

しかし、その後、紀元前660年の1月1日は新暦に換算するといつになるか再計算が行われ、2月11日とされている。

明治政府は2月11日の日付に強い意味を持たせようと努力したようで、1889(明治22)年の同日に大日本帝国憲法が公布された。翌年の同日には軍人に授与される金鵄《きんし》勲章が創設さ

皇族でありながら紀元節の復活に反対した三笠宮崇仁親王（共同通信社）

れている、これは神武天皇を助けたといわれる金のトビにちなんだものだ。

戦後は占領軍の意向によって紀元節は廃止された。その後、紀元節を復活させようという意見が強まるが、いっぽうではこれに疑問を唱える声も少なくなかった。もともと神武天皇の即位年には学術的に明確な裏づけはない。当然、初代の天皇に該当する人物はいるはずだが、『古事記』『日本書紀』の神武天皇に関する記載がすべて史実とも考えにくい。このため、昭和天皇の弟で歴史学を専攻した三笠宮崇仁《たかひと》親王も紀元節の復活に強く反対した。

祝日の名称も含めて多くの議論があったが、最終的には、1966（昭和41）年に再び2月11日を祝日とすることが決まった。

ただし、以上のような事情から明確な「建国記念日」ではなく「建国記念の日」としている。

MYSTERY 068

天皇の輿をかつぐ役職の一族は「鬼の末裔」と呼ばれていた？

古代から天皇の公式な外出時には、乗り物として輿《こし》が使われた。輿というのは何かといえば、お祭りのときにかつぐ神輿《みこし》の上の部分に人が乗れるようになっているものだ。神輿は、神様が乗る輿といえる。天皇が使う輿は鳳輦《ほうれん》と呼ばれ、飾りのついた屋根がある。

輿をかつぐ役目は駕輿丁《かよちょう》という。天皇が使う鳳輦はかなり巨大なものなので、12人の駕輿丁がかつぎ、さらに12人が前後の綱をとったという。『続日本紀《しょくにほんぎ》』によれば、駕輿丁の職は奈良時代からあり、駕輿丁に従事する者には免税の特権があった。

室町時代以降、皇室の駕輿丁を担当した人々が「八瀬童子《やせ》」だ、彼らは京都の北部にある八瀬里（現在の京都市左京区八瀬）の住民である。八瀬里は中世には延暦寺青蓮院《しょうれんいん》門跡領の荘園となっており、八瀬の民は延暦寺のもとで雑務に従事していた。

１３３６（延元元）年、足利尊氏と衝突した後醍醐天皇が京都から比叡山に逃れたとき、八瀬の民は後醍醐天皇を助けて駕輿丁として働き、課役免除の特権を与えられた。**一部では八瀬童子は「鬼の子孫」とも呼ばれる。ここで言う鬼とは、民俗学的な解釈で、古**

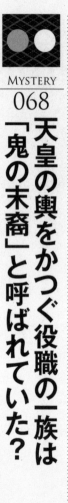

1928年、昭和天皇即位大典で御羽車を布単衣姿でかつぐ八瀬童子（毎日新聞社）

代の日本で朝廷の支配になかなか従わなかった辺境の山の民などのことだ。『御《お》伽《とぎ》草子』に大江山の鬼として登場する酒《しゅ》呑《てん》童子や、歌舞伎の『羅生門』に登場する茨木童子も、そうした山の民のことだったいう説がある。

童子と呼ばれるだけあり、八瀬里の住民は髪を結わず野生児のような格好だったともいわれる。

幕府に敵対した後醍醐天皇をあえて支えようとしたのは、彼らのようなアウトロー的な立場の人々だったのだ。

明治時代以降、駕輿丁への免税の特権はなくなったが、明治天皇と大正天皇の葬送でも八瀬童子が棺をかついだ。

昭和天皇の葬送では警備の都合もあり棺は自動車で運ばれたが、八瀬童子の代表も特別に招かれている。

MYSTERY 069

古代の陵墓だけでなく菩提寺も天皇家のお墓はどこにあるの？

宮内庁の定義では、天皇と皇后、皇太后、太皇太后の墓は「陵《りょう》」、それ以外の皇族の墓は単に「墓《ぼ》」とされ、両者を合わせて「陵墓」と呼ぶ。昭和天皇は東京都八王子市長房町にある武《む》蔵《さし》野《のの》陵《みささぎ》に葬られた、陵の形状は上部が半球形の上円下方型だ。近くには、香淳皇后の陵墓である武蔵野東陵、大正天皇と貞明皇后の陵墓である多《た》摩《まの》陵《みささぎ》と多摩東陵がある。

天皇家の陵墓は、やはり古代からの都があった近畿地方に多いが、天皇陵といわれているもののなかには、考古学的な裏づけが明確でないものも少なくない。宮内庁では仁徳天皇陵の場所を大阪府堺市堺区大《だい》仙《せん》町としているが、同地の陵墓は被葬者がはっきりとはわかっていないため、現在の歴史書などでは「大仙陵古墳」と呼ばれることが多い。

明治天皇は東京への遷都を行ったが、重要な宮中行事は京都御所を使うことも多く、遺言により明治天皇と昭憲皇太后の陵は京都府の京都市伏見区桃山町に築かれている。

少し変わった場所では、政争で四国の讃岐国に流されてしまった崇徳天皇の陵は香川県にあり、源平の合戦のとき壇ノ浦で入水したといわれる安徳天皇の陵は山口県にある。

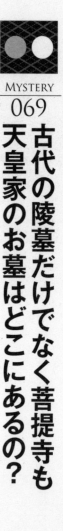

東京八王子市にある武蔵野陵

古代の日本では土葬が主流だったが、仏教が普及しはじめた飛鳥時代ごろから火葬が広まり、巨大な古墳を築くことがすたれていったと考えられている。ちなみに、四角形と丸形を組み合わせた「前方後円墳」は、中国大陸の王朝にはない日本独自の形状といわれる。

じつは、皇室は平安時代から真言宗の門徒となっているので、仏教の寺院に築かれた陵もかなりある。京都府の京都市東山区にある泉涌寺には、鎌倉時代の後堀河天皇と四条天皇、さらに江戸時代の後水尾天皇から孝明天皇までの陵がある。後醍醐天皇の陵は奈良県吉野町の如意輪寺にあり、このほか京都市右京区の天竜寺などにも陵がある。これは日本では長らく、神道と仏教が習合して信仰されていたためだが、明治維新後の神仏分離により皇室の葬祭は神道式に一本化された。

MYSTERY

070

昭和天皇も即位に使った京都御所 周囲には退位後の天皇の住まいも

現在の皇居は東京都千代田区にあるが、平安時代の７９４（延暦13）年から、１０００年以上にわたって天皇の住まいとして使われてきたのが京都御所だ。**明治時代に東京への遷都が行われて以降も、戦前まで即位の儀式は『皇室典範』の定めに従って京都御所で行われていた。**

御所は、京都市のほぼ中央にあたる上京区の東南に位置する京都御苑のなかにある。京都御苑の敷地は、東西が約７００メートル、南北が約１２００メートルもの広さがあり、御所のほか、京都迎賓館などの建物が置かれている。江戸時代まで、京都御苑には１２００もの宮家や公家の屋敷があったが、その大部分は明治以降は東京に移転した。

現在の御所の建物の大部分は、江戸時代末期の１８５５（嘉永7）年に造営されたものだ。正門は南にある建礼門だが、天皇皇后両陛下は西側面の御車寄を利用される。即位式などの重要な儀式に使われたのが南庭《だんてい》に面した紫宸殿《ししんでん》で、建物の正面左右には、「右近の橘《たちばな》」と「左近の桜」がある。これが最初に植えられたのは平安時代のことだ。紫宸殿の奥にある清涼殿は、平安時代から中世まで天皇の日常の居所として使われていた。

京都大宮御所の御常御殿

ちなみに、京都御所の周辺には、京都大宮御所、仙洞御所、京都迎賓館などの施設がある。

大宮御所は、江戸時代の初めに後水尾天皇の中宮（皇后）である東福門院のために造営された。現在も天皇皇后両陛下、皇太子ご一家が京都を訪れたおりには大宮御所を宿泊場所として利用される。**仙洞御所も後水尾天皇が造営したもので、退位後の上皇に利用された。**

明治時代以降は基本的に天皇が生前に退位することはなくなったので、現在は庭園となっている。

同じく京都市内で、京都御苑から南西に離れた西京区の桂川沿いにあるのが桂離宮だ。江戸時代の前期に八条宮家の智仁《としひと》親王と智忠《としただ》親王が建設したもので、竹藪と雑木林に囲まれた敷地内には池に面した閑静な書院が置かれ、日本庭園としては最高の名園ともいわれる。

MYSTERY
071
近代にできた伝統・神前結婚式を始めたのは大正天皇だった？

日本人の結婚式といえば、昔から新郎新婦が神社にやってきて神主の前で儀式を行っていた……わけではない。江戸時代までは、嫁入りの場合も婿取りの場合も、婚家に新郎新婦と親類縁者が集まり、その場で盃を上げるのが通例だった。

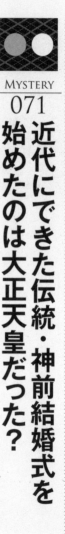

神主が斎主となって新郎新婦が神前で結婚を誓うという「神前結婚式」は、明治期以降に西洋の文化が広まってから、キリスト教式の結婚式を参考に生まれた習慣だ。

この神前結婚式を最初に行ったのは、皇太子時代の大正天皇と貞明皇后で、1900（明治33）年のことだった。会場は宮中で、男女の皇族のほか、政府の高官や外交官が夫人同伴で列席している。式の流れは、大まかにいえば以下のようなものだ。

まず、皇祖神や歴代天皇を祀る宮中三殿（賢所、皇霊殿、神殿）に結婚の奉告を行う。**儀式の中心となるのは「賢所大前の儀」**で、天照大神を祀る賢所に供物を捧げ、祝詞を奉じる。続いて皇太子と皇太子妃が進み出て拝礼し、皇太子が「告文」を奉じたのち、皇太子と皇太子妃はそれぞれに盃を受ける。続けて列席した皇族らが庭上から拝礼し、皇太子と皇太子妃が退出

「結婚の儀」のため皇居・賢所に向かわれる皇太子さま(左端)と雅子さま(共同通信社)

したのちに、供物を片づけて賢所の扉を閉じる。
この婚儀は「皇室婚嫁令」という法令によって定められたものだ。同じ皇室婚嫁令のなかでは、皇族の結婚年齢は男子満17歳、女子満15歳以上で、同族またはとくに認可された華族であることが基本原則とされている。戦後、この条件は廃止された。

さて、それでは近代以前の皇室の結婚はどうしていたのだろうか？　平安時代以降、皇太子が妃を迎えたときは、まず内裏に新婦を住まわせてそこに通う形式を取り、夫婦の寝所に3日間にわたってお餅を供える「三箇夜餅《みかよのもち》の儀」を行った。

これは子孫繁栄を祈る意味があったといわれ、現在の宮中の婚儀にも引き継がれている。そして後日、披露宴にあたる宴席を設けるのが通例だったようだ。

MYSTERY
072
皇居での田植えを始めたのは植物学者の昭和天皇だった？

現在、宮中と伊勢神宮で例年秋に行なわれている神嘗祭と新嘗祭に備えられる米は天皇がみずから皇居内の水田で栽培されている。じつは、この習慣は近代以前からのものではなく、昭和天皇が新たに始めた伝統だ。

自然を愛する昭和天皇は植物学の研究もされていた。さらに、稲の品種を研究するとともに、農民と同じ労苦や収穫の喜びを分かち合いたいという思いから、1927（昭和2）年から赤坂離宮でみずから田植えや稲刈りをされるようになった。この2年後からは、皇居内にある生物学御研究所の南側の水田が使われている。

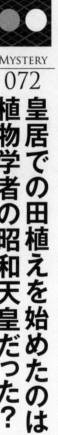

今上天皇はワイシャツに長靴の姿で田植えをされ、もち米とうるち米の2種類の苗を植えられる。2016（平成28）年には100株が植えられた。

天皇を外国の国王と同じように考えると、地味な農作業にいそしむ姿は意外かもしれない。しかし、皇居での稲作には趣味の園芸や植物学の研究という以上の意味が読みとれる。**もともと、神道は田植え祭や豊作祈願、収穫祝いなど農耕に関係する祭祀を司ってきた。**宮中の儀式

昭和２年、赤坂離宮内で田植えをされる昭和天皇（共同通信社）

も同様だ。現代の日本で土着的な農村共同体が失われているなか、皇室が農耕に関わるのは、伝統に回帰する行為と解釈することもできるだろう。

ちなみに、**稲作と同じく農業に関連する作業として、皇室では古代から皇后の仕事として養蚕があった。**現在、皇居内には紅葉山《もみじやま》御養蚕所《ごようさんじょ》があり、皇后陛下は毎年5月から7月にかけて、蚕に桑の葉を与える給桑《きゅうそう》や収穫にあたる繭掻《まゆかき》などの作業をされる。

江戸時代から昭和の前期まで、養蚕による生糸づくりは日本各地の農家で行われていた。皇室での養蚕も歴史は古く『日本書紀』にも出てくる。近世には一度断絶していたが、明治天皇の治世に昭憲皇太后が復活させた。皇居の養蚕所で作られた生糸は絹織物に加工され、祭祀や外国の賓客への贈り物に使われている。

MYSTERY
073
天覧相撲っていつからあるの？

両国国技館で行われる大相撲東京場所を昭和天皇が熱心に観戦されている姿を記憶している人も多いだろう。このように天皇が観戦する相撲のことを天覧相撲という。天覧相撲は、今上天皇においても引き継がれている。

そもそも、天皇と相撲の関係は非常に深い。相撲には神事の側面があり、相撲を取るということは、天下泰平や子孫繁栄、五穀豊穣などを祈るという意味も込められている。これは、祭祀を司る天皇の役割ともある意味近い。また、相撲の起源自体が、天皇家と深く結びついている。第一章の「出雲の国譲り」の項目（26ページ）でも紹介した、高天原の神であるタケミカヅチが出雲の神であるタケミナカタと一対一で戦い、その手を握りつぶしたという神話が、相撲の起源とされているのだ。

記録に残されている**最古の天覧相撲は、第十一代・垂仁天皇の代のこと**だ。出雲国（現在の鳥取県）の勇士であった野《の》見《み》宿《すく》禰《ね》と、大和国（現在の奈良県）の勇士であった当《たい》麻《まの》蹴《け》速《はや》が、素手の戦いである「捔力（すまい）」を天皇の前で行ったと『日本書紀』には記されている。

この「すまい」というのが、時代を経るにつれ「すまひ」→「すまふ」→「すもう」と呼び方が変化していき「相撲」となった。もっとも、野見と当麻の行った「すまひ」は、おもに打撃を主体とした戦いで、**野見が当麻の脇骨をキックで折り、倒れたところを踏み殺したとあるので、我々が知る相撲というよりは総合格闘技に近い。**

相撲が現代のような投げ技主体の形式に変わったのは、奈良時代以後のことである。ともあれ、垂仁天皇以降も、第四十代・天武天皇や第四十五代・聖武天皇なども天覧相撲を楽しんだと記録されている。**第二十一代・雄略天皇などは、宮廷の女官に褌《ふんどし》をしめさせて相撲を取らせたとも**『日本書紀』にはある。

天覧相撲はその後も続けられたが、幕末から明治にかけて相撲自体の存続が危うくなったことがあった。文明開化の影響で、時代遅れのものと見られるようになったのだ。だが、明治天皇が1885（明治17）年に相撲を観戦したことで、相撲界は息を吹き返した。ようするに、天皇が相撲を保護する姿勢を内外に明らかにしたということだ。

そんな明治天皇の影響もあってか、**昭和天皇は幼少期から相撲を愛していたようだ。**皇孫時代には、2度ほど国技館で相撲観戦もしている。ただ、天皇が国技館で相撲を観戦するのは、戦後の1955（昭和30）年の昭和天皇の天覧相撲が歴史上初めてであった。戦前は一般国民と同じ空間で相撲を見るということが憚《はばか》られたのだろう。そのころのうっ憤をはらすかのように、以後、昭和天皇は晩年まで熱心に国技館に通い続けた。

MYSTERY
074
天皇の行幸って昔からあったの？

新聞やニュースなどで「天皇陛下が○○に行幸されました」と報じられるのを見聞きしたことがある人は多いだろう。**天皇が皇居から外に出向くことを行幸という。**もし、複数の目的地を回る場合は巡幸と呼称が変わる。行幸や巡幸という言葉が使われるのは天皇だけで、皇后や皇太后、皇太子、皇太子妃が外出する際は行啓《ぎょうけい》・巡啓となり、天皇と皇后などがともに外出する際は、行幸啓・巡幸啓となる。行幸は歴史的にも多く、有名なところでは、第一〇七代・後陽成天皇が１５８８（天正16）年に、天下を統一した豊臣秀吉に招かれ、秀吉の邸宅を訪れた聚楽第《じゅらくだい》行幸などが知られている。あるいは、明治天皇が１８６８（明治元）年に京都を離れ、江戸城に入り、以後、東京で政務を執るようになったことを東京行幸ともいう。

ただ、**天皇が日本全国津々浦々を巡幸するようになったのは、明治天皇の代からだ。**明治天皇は１８７２（明治5）年から１８８５（明治18）年にかけ、6回にわけて北は北海道から南は九州まで日本全国を巡幸している。これを、明治天皇巡幸、ないしは六大巡幸という。明治天皇がこれほど積極的に巡幸を行ったのは、鎌倉時代から６００年以上続いた武家政権が終わ

横浜市の戦災者用の共同宿舎を視察する昭和天皇（昭和21年2月19日）（共同通信社）

り、再び天皇中心の国家となったことを国民にアピールするためだったといわれている。

昭和天皇が戦後の1946（昭和21）年から1954（昭和29）年にかけて行った巡幸も有名だ。これは、焦土と化した国土で打ちひしがれていた国民を励ますためのものである。

そんな昭和天皇が、巡幸で唯一、足を踏み入れることができなかったのが沖縄だ。**昭和天皇自身は、戦争で激しい被害を受けた沖縄への行幸を強く望んでいた**が、1972（昭和47）年5月まで沖縄はアメリカの占領下にあった。1987（昭和62）年の秋に沖縄で開催される国体に出席する予定だったが、体調を崩して欠席。ついに沖縄への行幸は実現しなかった。だが、今上天皇が1993（平成5）年に沖縄県行幸を実現させたことで、ようやく宿願は果たされた。

一番大きな天皇陵はどれだ？
天皇の墓の大きさランキング

天皇が亡くなってから葬られる場所を陵という。初代・神武天皇から昭和天皇にいたるまで、すべての天皇に陵があり、宮内庁によって管理されている。

そんな天皇陵のなかで、もっとも巨大なものは第十六代・仁徳天皇が葬られているとされる前方後円墳の大仙陵古墳だ。別名を百舌《もず》鳥《の》耳原中陵《みみはらのなかのみささぎ》や、仁徳天皇陵とも呼ばれており、その大きさは、全長486メートルと東京タワーを横にしたよりも長く、高さは35.8メートルもある。それゆえ、同古墳がある大阪府堺市は、クフ王のピラミッド、秦の始皇帝墓陵に並ぶ「世界三大墳墓」と謳っている。

２番目に大きいのは、第十五代・応神天皇が葬られているとされる誉《ごん》田《だ》御《ご》廟山《びょうやま》古墳だ。大阪府羽曳野市に位置するこちらの陵も前方後円墳で、別名を恵《え》我《がの》藻《も》伏崗陵《ふしのおかのみささぎ》という。全長425メートル、高さ36メートルと、大仙陵古墳に匹敵する巨大さだ。

３番目に大きいのは、第十七代・履中天皇の墓とされる上石津ミサンザイ古墳だ。陵としての名前は、百舌鳥耳原南陵《みなみのみささぎ》。場所は大阪府堺市にあり、これもまた前方後円墳である。全長は365メートル、高さは27. 6メートルとなっている。

ここまで見てきたことからわかるように、天皇陵の大きさベスト３は、第十五代から第十七代までの連続した天皇のものである。３つとも５世紀に建造されたと考えられており、この時代が巨大な天皇陵建造ブームのピークだったのだろう。もっとも、どの古墳にどの天皇が葬られているかを定めているのは宮内庁であり、その宮内庁は、基本的に天皇陵の考古学的調査を拒んでいる。そのため、古代の天皇に関しては、本当にその陵に、その天皇が葬られているかは不明だ。

第四章

天皇家の日常

MYSTERY 075

意外なまでに忙しい年間スケジュール 天皇はどんな仕事をしているの？

日本の天皇は、古代から国家を統治する王としての側面と、作物の収穫を神に感謝したり国民と国土の安全を祈る神官としての側面を持っていた。これを引き継ぐように、**現代の天皇の仕事も、伝統的な宮中行事と、国事行為およびそのほかの公的行為の2つの面がある。**

古くから続いてきた宮中行事については第三章で触れたので、ここではまず国事行為について説明する。これは日本国憲法によって定められたもので、内閣の助言と承認によって行われるが、政策には直接的に関係しない儀礼的な側面が強い。

具体的には、国会で定められた法律の公布、国会の召集、衆議院の解散、内閣総理大臣と最高裁判所長官の任命、外国大使の認証、文化的な功労者への勲章の授与などだ。これらの作業のため**天皇が署名、押印する書類の数は年間でなんと1000件にもおよぶ。**

このほかにも多くの公的行為がある。天皇が国民と触れ合う場となっている新年や天皇誕生日の一般参賀、春と秋に行われる園遊会などだ。社会福祉や医療、教育、学術などの分野で功績があった人々を皇居に招いて、その労をねぎらうためのお茶会も開かれている。

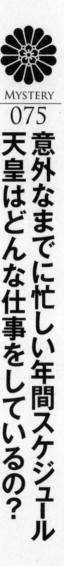

国内各地の訪問も大きな仕事だ。天皇が外に出かけることを行幸といい、とくに2ヵ所以上の場所を訪れる場合は巡幸という。1995（平成7）年の阪神淡路大震災、2011（平成23）年の東日本大震災など、大きな自然災害の被災地お見舞いも国内行幸に含まれる。これらによって多くの被災者が大いに励まされた。このほか、全国戦没者追悼式、全国植樹祭、国民体育大会など天皇が出席する行事は数多い。

もうひとつの大きな仕事が国際親善だ。今上天皇は、皇太子時代の1953（昭和28）年にイギリスを訪問されて以来、アジア、ヨーロッパ、中南米、アフリカなどの数多くの外国を訪れられ、各国の元首や国民と交流を深められた。逆に、外国の王族や国家元首などが来日したおりには皇居に招かれ、晩餐会などでもてなしている。

政府閣僚の外国訪問は政治的・経済的な利害が関係している場合も少なくない。だが、皇室の国際親善は政治とは中立的な立場で、純粋に国と国を越えた文化的な交流として行われ、対外的な日本のイメージアップに寄与している面も大きい。

宮内庁の公式Ｗｅｂサイトでは「天皇皇后両陛下のご日程」を公開している。そのなかで、たとえば2016（平成28）年12月のスケジュールを見ると、宮中行事や要人との会見などの予定がいっさいない日は、わずか6日間しかない。**年間での公務の日数は365日のうちおよそ300日にもおよぶといわれる。**儀式では長時間起立したままの場合もあり、天皇がご高齢となれば、その身体的負担は相当なものなのだ。

MYSTERY 076

どうして天皇家には姓がないのか？古代にさかのぼる日本の姓のヒミツ

天皇家には姓（名字）がない。もともと、大昔の日本人には姓がなかった。これは世界的にみればめずらしい話ではなく、現代でもインドネシアには姓のない人が多くいるし、アイスランドでは姓がない代わりに「〇〇の息子（娘）」という通称をつける。

日本では6世紀ごろから朝廷が配下に臣、連、などの姓を授け、姓を授かった豪族は地盤の地域名や役職名から大伴氏、物部氏、蘇我氏などの「氏」を名乗った。**皇室にとって姓は与えるものであって、自分から名乗る必要はなく、姓がないという古代の習慣が天皇家だけ残ったのだ。**

ただし、独立した世帯を持った皇族には、天皇から「宮号《みやごう》」という称号が授けられ、継承者がいれば宮号は次の代に継がれる。２０１７（平成29）年現在は、秋篠宮家、常陸宮家、三笠宮家、高円《たかまど》宮家の４つの宮家がある。

また、皇族が皇室を離れて臣下と同じ身分になる場合も独自の家名を名乗った。これは臣籍降下と呼ばれ、たとえば、桓武天皇の子孫は平氏を名乗り、村上天皇や清和天皇の子孫は源氏を名乗った。

■御称号と諱

	御称号	諱
明治天皇	祐宮《さちのみや》	睦仁《むつひと》
大正天皇	明宮《はるのみや》	嘉仁《よしひと》
昭和天皇	迪宮《みちのみや》	裕仁《ひろひと》
今上天皇	継宮《つぐのみや》	明仁《あきひと》
皇太子	浩宮《ひろのみや》	徳仁《なるひと》
秋篠宮	礼宮《あやのみや》	文仁《ふみひと》

現在では、在位中の天皇のことは今上天皇と呼ぶのが通例だ。**先帝は昭和天皇と呼ばれているが、これは正確には崩御後に贈られた名で、「諡号《しごう》」という。**明治維新後に一代で一元号とする「一世一元」が定着して以降は、元号が諡号とされている。昭和天皇は裕仁という名前だったが、こうした名は「諱《いみな》」という。これとは別に、幼児期の呼び名として「御称号」というものがあり、昭和天皇の御称号は迪宮《みちのみや》といった。

なお、天皇家には姓だけでなく戸籍もない。そもそも、戸籍とは何かといえば、平安時代の律令制で納税者である臣民を把握するため作られたものだ。したがって、国家を運営する側の立場にある皇族は戸籍に含まれなかった。ただし、戸籍の代わりに皇族の親族関係や生年月日を示すものとして皇統譜があり、これは宮内庁と法務省で管理されている。

MYSTERY
077
現在、世界で「エンペラー」と呼ばれるのは日本の天皇だけ？

近代以降、今日に至るまで日本の天皇の位は、英語では「キング（King）」ではなく、「エンペラー（Emperor）」と記される。じつは、**現代では世界各国の王侯貴族のなかでも、この称号が使われているのは日本の天皇のみだ。**

西洋では中世以来、一国を統治する「王国」の君主はキング、複数の君主国や民族を束ねて支配下に置く「帝国」の君主はエンペラー（ドイツ語圏ではカイザー、ロシアではツァー）と呼称されるのが通例だ。このエンペラーという語は古代ローマ帝国の軍司令官（インペラトール）に由来する。4世紀にローマ帝国が東西に分裂して以降は、ドイツ皇帝、ロシア皇帝など、同時に複数の皇帝が並び立つことになった。

日本ではキングは王、エンペラーは皇帝と訳される。明治期から戦前までの日本は海外領土を持つ「帝国」なのでエンペラーといえるが、戦後は海外領土を放棄したので、先の定義に従うなら、戦後の天皇はキングと位置づけられることになる。

ところが、**西洋と東洋では「皇帝」の概念が異なる。**本来、中国大陸の王朝では「皇帝」とは世界でただ一人、世界の中心とされる中華を治める帝国の主のみを意味する。これと区別する意味で、周囲の異民族の君主は、いかなる大国でも「王」と呼ばれた。

日本でも古代の半ばまでは「天皇」ではなく「大王《おおきみ》」と呼称が使われていたが、7世紀ごろから、中国大陸の王朝と対等な立場であることを示すため「天皇」という呼称が使われるようになった。こうした経緯を踏まえ、近代以降の日本は「大日本帝国」を名乗り、対外的には天皇のことを「皇帝」と同義のエンペラーと記する方針をとった。

同じ理由で「帝国」「皇帝」を自称したのは日本だけではない。朝鮮半島の王朝は古代から中国大陸の王朝の臣下という立場を取っていたが、1897年に李氏王朝が大陸の清朝から完全に独立したときは「大韓帝国」を国号とし、国王の高宗は「皇帝」を名乗った。

単刀直入にいえば、近代以降のアジアやアフリカでは、ヨーロッパの慣習がそのまま適用できないためか、「帝国」と「王国」、「皇帝」と「王」の区別は曖昧だった。中東では1922年までトルコ族の君主がアラブ族など複数の民族を支配下に置くトルコ帝国があったが、いっぽうでペルシャ族のみの王朝のイランも「帝国」と呼称され、君主は対外的に「エンペラー」と呼ばれた。なお、**このパフラヴィー朝イラン帝国は1979年のイラン革命で打倒され、それ以来「エンペラー」と呼ばれるのは日本の天皇のみとなっている。**

現在も日本の天皇が対外的に「エンペラー」と呼ばれる明確な根拠はないが、王朝自体は変わらず続いているので、戦前までの国際的な習慣がそのまま引き継がれているようだ。

MYSTERY

078

次の天皇は誰がなるのか？ 男系を原則とする皇位継承

現在の皇室典範では、皇位継承の順位を以下のように定めている。（1）皇長子、（2）皇長孫、（3）その他の皇長子の子孫、（4）皇次子とその子孫、（5）その他の皇子孫、（6）皇兄弟とその子孫、（7）皇伯叔父とその子孫、という順番だ。

つまり、**皇位継承者の第1位は在位中の天皇の長男で、第2位はその弟ではなく長男の長男、すなわち在位中の天皇の孫となる。**以下、長子の家系を優先し、長子の家系の継承者がなければ、その兄弟の家系の皇族ということになる。これらに該当する皇族がいない場合は、それ以上でもっとも近親の系統の皇族に伝えるとされている。

2017（平成29）年の段階で、皇位継承の順位は、皇太子殿下、秋篠宮文仁親王、秋篠宮家の悠仁《ひさひと》親王、今上天皇の弟である常陸宮正仁親王、という並びになる。

古代からの長い皇室の歴史のなかでは、親子間ではなく兄弟間での皇位継承や、女性の天皇即位もたびたび行われてきた。ただし、**明治維新後に定められた皇室典範と現在の憲法では、皇位は皇統に属する男系の男子の皇族が継承すると定めている。**

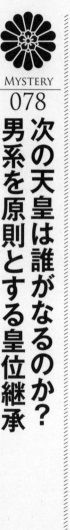

男系とは父方の血統ということで、母方の血統であれば女系となる。現在、天皇皇后両陛下を含めて皇室にいる19人のうち、男子は5人しかいない。しかし、現状の制度では、皇族の女子である内親王・女王が一般人と結婚した場合は、皇籍を離れることになっている。もし、内親王・女王が結婚されたのちに男子が産まれても、その男子は皇族の血を引いているが男系ではなく女系ということになるため、皇位継承者とはならない。

推古天皇をはじめ歴史上に男系の女性天皇は8人もいた、このうち2人は2度即位しているので10代となる。ただし、基本的には男系の皇位継承者が成長するまでの後見人という立場で、女系がそのまま代を重ねるということにはならなかった。

また、明治天皇の治世まで天皇は複数の側室を持つ一夫多妻制だったので、皇子の数も多かった。しかし、大正天皇の治世から実質、側室制度がなくなり、皇位継承者の数が限られることになっている。さらに、戦後の占領期にはGHQの方針により、それまであった伏見宮家、北白川宮家など11の宮家が皇籍を離脱したため、皇族の数が少なくなっている。

このまま皇族の数が少なくなってゆけば、将来的には皇位継承が難しくなるだけでなく、1人1人の皇族の公務の身体的な負担も大きくなってゆくことになる。

こうした背景から、2004（平成16）年以降、首相官邸に「皇室典範に関する有識者会議」を置くなどし、女系天皇の制度化、女性宮家の創設などの可能性が議論されてきたが、皇室の血統をどう捉えるかには多くの見解があるため、結論は出ていない。

MYSTERY
079

皇族の範囲にはどこまで含まれるのか 天皇のひ孫なら何と呼ばれる？

天皇の親族は皇族と呼ばれる。**現在の皇室典範で皇族に含まれるのは、天皇、皇后、皇太《こうたい》后《ごう》、太皇太后《たいこうたいごう》、親王、親王妃、内親王、王、女王、王妃だ。**

皇太后とは在位中の天皇の母で、つまり先代の天皇の皇后にあたる。さらに太皇太后は天皇の祖母で、先々代の天皇の皇后となる。実際に女性のほうが平均寿命が長いので、天皇が崩御したあとも先代の皇后は存命という場合は少なくない。

親王は皇室嫡出の男子で、在位中の天皇の兄弟、皇太子、皇太子の兄弟、さらに男子の皇孫までが含まれる。この親王の妻にあたる女性は親王妃と呼ばれる。いっぽう、内親王は皇室嫡出の女子で、在位中の天皇の姉妹、皇太子の姉妹、女子の皇孫が含まれる。

王と女王は、天皇から3親等以上離れた男子と女子だ。たとえば、在位中の天皇のひ孫、天皇のいとこの子などが含まれる。この王の妻にあたる女性は王妃と呼ばれる。２０１７（平成29）年現在、王にあたる男性の皇族はいない状態だ。

皇族の男性と結婚した女性は民間出身でも皇族となるが、女性の皇族と結婚した一般男性は

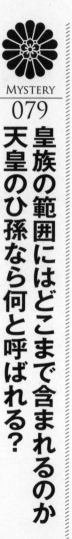

■皇室の構成

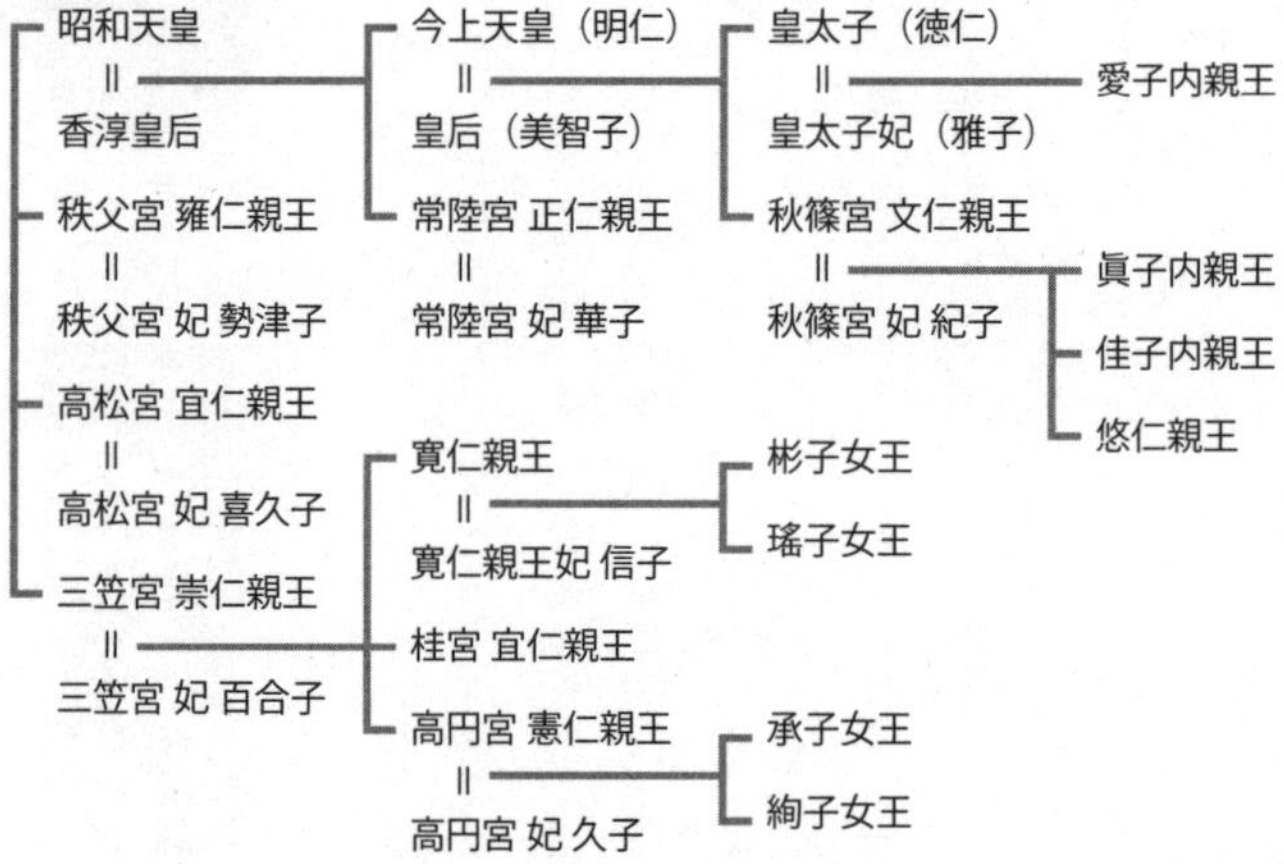

皇族とならない。逆に、皇族以外と結婚した内親王や女王は皇族ではなくなる。

現在の皇室典範では皇族にも離婚の自由が認められているが、跡取りのいない宮家が断絶する可能性があっても、養子を取ることはできない。このため、もし男子の皇族が生まれない状態が続けば、宮家が次々と断絶してしまうという問題を抱えている。

さて、以上は基本的に明治期に皇室典範が制定されて以降の話だが、古代には天皇の親族は「皇族」ではなく「皇親」と呼ばれた。また、8世紀の初めに成立した『古事記』では皇親は王、女王と記されている。しかし、それより少し遅れて成立した『日本書紀』では皇子、皇女と記されるようになった。これは「大王」という尊称を「天皇」に改めたことに対応しているようだ。

MYSTERY 080

同じ皇族でも生活費は別 皇太子とほかの親王の違いとは？

2017（平成29）年1月、今上天皇の退位後、皇太子殿下が即位された場合、その弟である秋篠宮殿下を皇太子と同じ待遇にする案が浮上した。

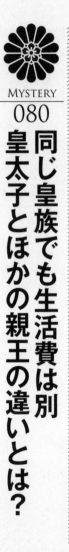

現状の皇室典範では、皇位継承の対象を男子のみとしているが、皇太子殿下には男子のお子様がいない。このため、皇位継承順では秋篠宮殿下が筆頭に来ることを考慮したようだ。ただし、宮内庁の方針がどうなのかはわからない。

ところで、そもそも皇太子とほかの親王は立場がどう違うのだろうか？　**ひとつ大きな点が、お手元金（プライベートマネー）となる内廷費、皇族費の金額だ。**天皇皇后両陛下と皇太子ご一家の生活費はひとまとめに「内廷費」と呼ばれ、2016（平成28）年度は3億2400万円となる。ほかの宮家は「皇族費」と呼ばれ、秋篠宮家は年間6710万円だ。

皇太子同妃殿下のお子様は愛子内親王殿下だけだが、秋篠宮家のお子様は、眞子内親王殿下、佳子内親王殿下、悠仁親王殿下と3人いるので、衣食住にまつわる日用品や学用品の購入も費用がかかる。また、秋篠宮殿下はナマズの研究をされているが、そのための専門的な資料の購

■赤坂御用地

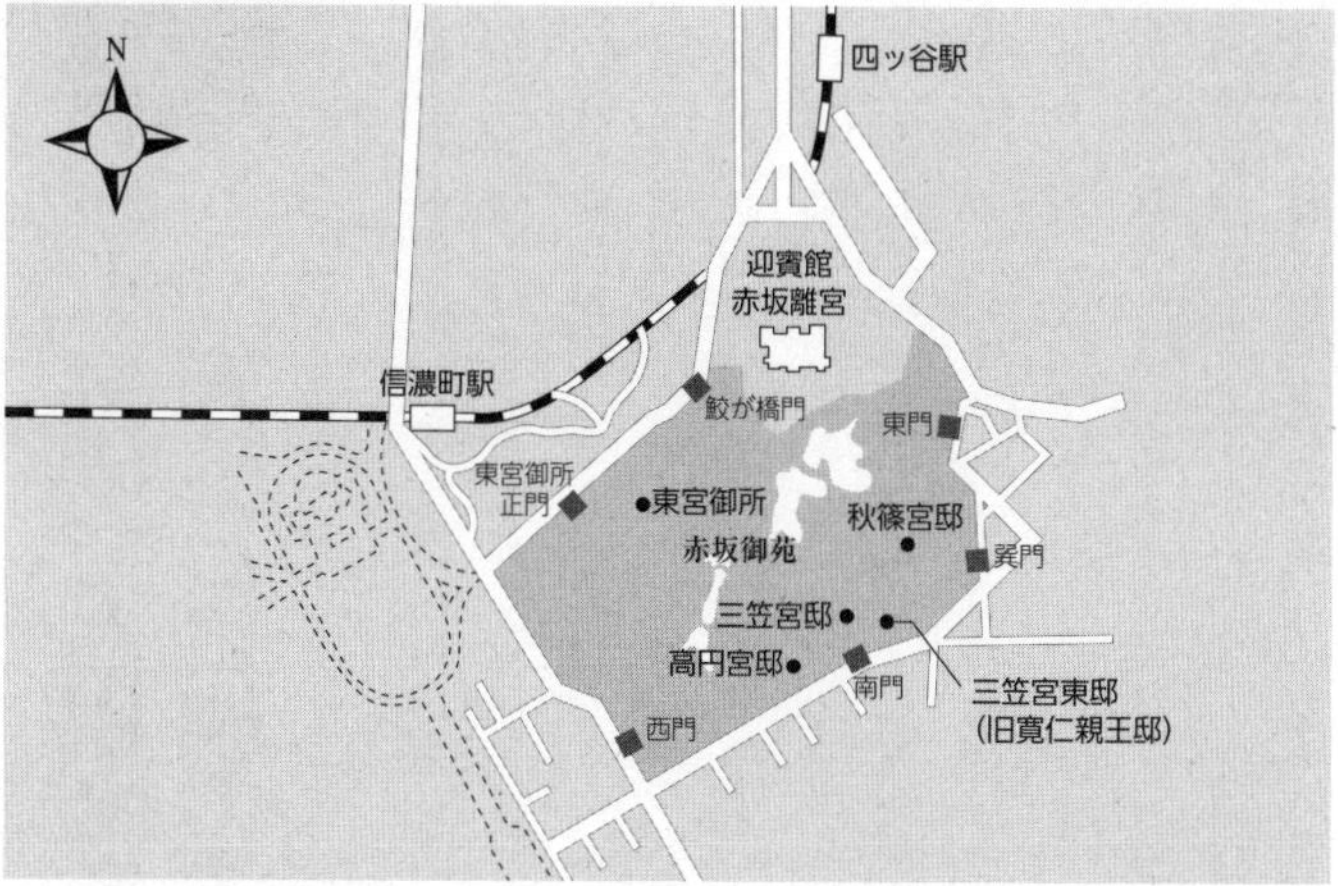

入などの費用も皇族費に含まれる。こうした皇族の学究は、海外の研究者との国際交流などの意義も大きい。しかし、現状では秋篠宮家の財政事情はいささか難しいようだ。

ちなみに、**皇太子ご一家もほかの宮家も、常陸宮家以外は住居は皇居から西へ少し離れた赤坂御用地のなかにある。**

とくに、皇太子ご一家の住居となっているのが東宮御所だ。天皇皇后両陛下も、皇太子時代から1993（平成5）年までこの東宮御所で生活されていた。

いっぽう、秋篠宮邸は、かつての秩父宮邸を改修した建物が使われている。赤坂御用地は皇室の園遊会にも使われ、宮家の邸宅のほかに隣接して、迎賓館赤坂離宮がある。今上天皇の退位後の住まいも赤坂御用地内になるかもしれない。

MYSTERY
081
皇族でも税金を納める場合がある？天皇と皇族の生活費はどうなっているのか

天皇皇后両陛下と皇太子ご一家の生活費は、「内廷費」と呼ばれる。金額は2016（平成28）年の段階では3億2400万円で、約20年変わっていない。

内廷費は宮中祭祀に携わる掌典などの人件費で約1／3が使われるほか、服・食事の費用、奨励金、賜り金、研究の費用、お子様の教育費などに使われている。

なお、宮家皇族の日常経費は「皇族費」と呼ばれ、秋篠宮家、常陸宮家、三笠宮家、高円宮家の4つの宮家で総額2億2997万円となる。

皇室で使われる日用品の多くは、業者のカタログを見て取り寄せるという形で購入されているようだ。やはり豪華な高級品ばかりなのかといえば、**質素を旨とするのが基本方針**で、いい物を長く大事に使っている。

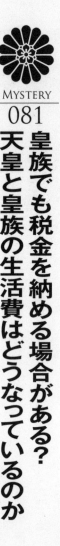

皇族は日本赤十字社のような非営利の公共団体で役員を務める場合もあるが、基本的に職業選択の自由が許されていないので、一般企業や官庁などで働くことはない。

しかし、**内廷費、皇族費以外にも私的に収入を得る場合もある。**たとえば、今上天皇の従弟

■皇族の主な著作物

	作　品
皇后陛下	『はじめての やまのぼり』（絵 武田和子） 『橋をかける―子供時代の読書の思い出』 『バーゼルより―子どもと本を結ぶ人たちへ』
三笠宮崇仁親王	『古代オリエント史と私』 『古代エジプトの神々―その誕生と発展』 『レクリエーション随想録』 『文明のあけぼの―古代オリエントの世界』
寬仁親王	『トモさんのえげれす留学』 『皇族のひとりごと』 『雪は友だち―トモさんの身障者スキー教室』
高円宮憲仁親王	『オーロラが消えぬ間に』 『素顔の一瞬』

であった寬仁親王など、複数の著作を刊行している皇族もいるが、原稿料や印税による収入は課税の対象となる。

ちなみに、皇后陛下は自作の絵本である『はじめてのやまのぼり』の印税の一部を国際児童図書評議会に寄付されている。同様に、内廷費・皇族費以外の収入があった場合、寄付に使われることも少なくない。

皇族が私有地として不動産を所有している場合も固定資産税、相続税の対象となる。ただし、**皇居や御用邸は課税対象にならない、これらは国の所有物で、皇室の私有財産ではないからだ。**

余談だが、皇族には職業選択の自由と並んで居住移転の自由もなく、さらに選挙権と被選挙権もない。

天皇と皇族は責務とともに意外に不自由も多いのだ。

MYSTERY
082
男子の名は「〜仁」が伝統 皇族の命名にまつわる秘密

現代の習慣では、天皇・皇族の名前は3種類ある。本名である「諱《いみな》」と、成人するまでの幼名にあたる「御称号」と、崩御後に贈られる「諡号《しごう》」だ。たとえば、仁徳天皇、後醍醐天皇、明治天皇といった、歴代天皇の一般的な呼び名はすべて諡号だ。

男子の皇族は諱に「仁」の字が使われるのが通例だ。今上天皇の諱は明仁、皇太子殿下の諱は徳仁という。仁とは思いやりの心を意味し、東洋の儒教文化では、君主や求道者がもっとも大事にすべき心がけとされた。

日本では平安時代の9世紀に、惟仁《これひと》という諱の清和天皇が初めて仁の字を用いた。この習慣はすぐに定着したわけではないが、14世紀の室町時代に幹仁《ともひと》という諱の後小松天皇が即位して以降、現在まで続く伝統となっている。

女子の皇族の名前には「子」の字が使われるのが通例だ。子の字をつけることは相手への敬意を示し、女性の名前に「〜子」とつける習慣は皇族に限らず古代からみられる。

いっぽう、御称号は男女ともに「〜宮」とつけられる。今上天皇の御称号は継宮《つぐのみや》、皇太子殿

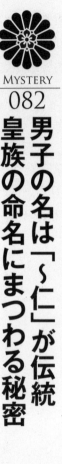

■皇室のお印

今上天皇	榮
皇后	白樺
皇太子	梓
皇太妃	ハマナス
愛子内親王	ゴヨウツツジ
秋篠宮	栂《つが》
秋篠宮妃紀子	檜扇菖蒲《ひおうぎあやめ》
眞子内親王	木香茨《もっこうばら》
佳子内親王	ゆうな
悠仁親王	高野槇

下は浩宮といった。

なお、同じ「〜宮」という呼び名でも、秋篠宮、三笠宮といった宮家の「宮号」は、成人後に独立した一家を持つようになると、天皇から賜るものなので趣旨が異なる。

皇族に赤ちゃんが産まれた場合は、生後7日目に「命名の儀」が行われる。元号と同じく、諱も御称号も四書五経など漢籍の古典の一節から漢字をとることが通例で、東洋の古典についての権威ある専門家が名前の候補案を考えたなかから選ばれる。

ちなみに、名前と同じく皇族がパーソナルに使用するものに「お印」がある。署名の代わりとなるシンボルで、物に直接名前を書くことをはばかる習慣から生まれた。今上天皇のお印は榮《えい》、皇后陛下は白樺、皇太子殿下は梓、雅子妃はハマナスだ。

MYSTERY
083
親子でも簡単には会えない？ 庶民とは異なる皇族の親子関係

皇室の親子関係は、普通の家庭とは異なる点が少なくない。今上天皇は3歳のとき、両親である昭和天皇と香淳皇后のもとを離れ、宮内省の東宮傅《ふ》育《いく》官《かん》の手で育てられた。今上天皇は学習院高等科に在学当時、昭和天皇に会う機会は週に2回ほどだったという。

近代以降の天皇家で、親子が日常的に一緒に生活するようになったのは、戦後に皇太子時代の今上天皇が結婚して以降だ。ただし、皇族には公務で忙しい場合もあるため、授業参観などの学校行事には宮内庁職員のお世話係が出席する場合もあったという。

今上天皇が皇太子時代の1980（昭和55）年に行われた記者会見では、ご家族で時代劇の『吉宗評判記　暴れん坊将軍』などのテレビ番組を見られたり、お子様同士の間ではテレビのチャンネル争いもあるなど、庶民的な一面も語られている。

とはいえ、**住居が離れると、親族であっても天皇に会うには側近を介することになり、なにかと時間がかかるようになる。**天皇皇后両陛下が公務を離れて御用邸で静養されている場合でも、皇族が自由に御用邸を訪れることはできず、あらかじめお許しを得なければならない。

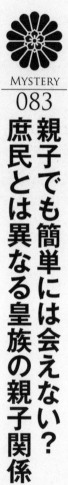

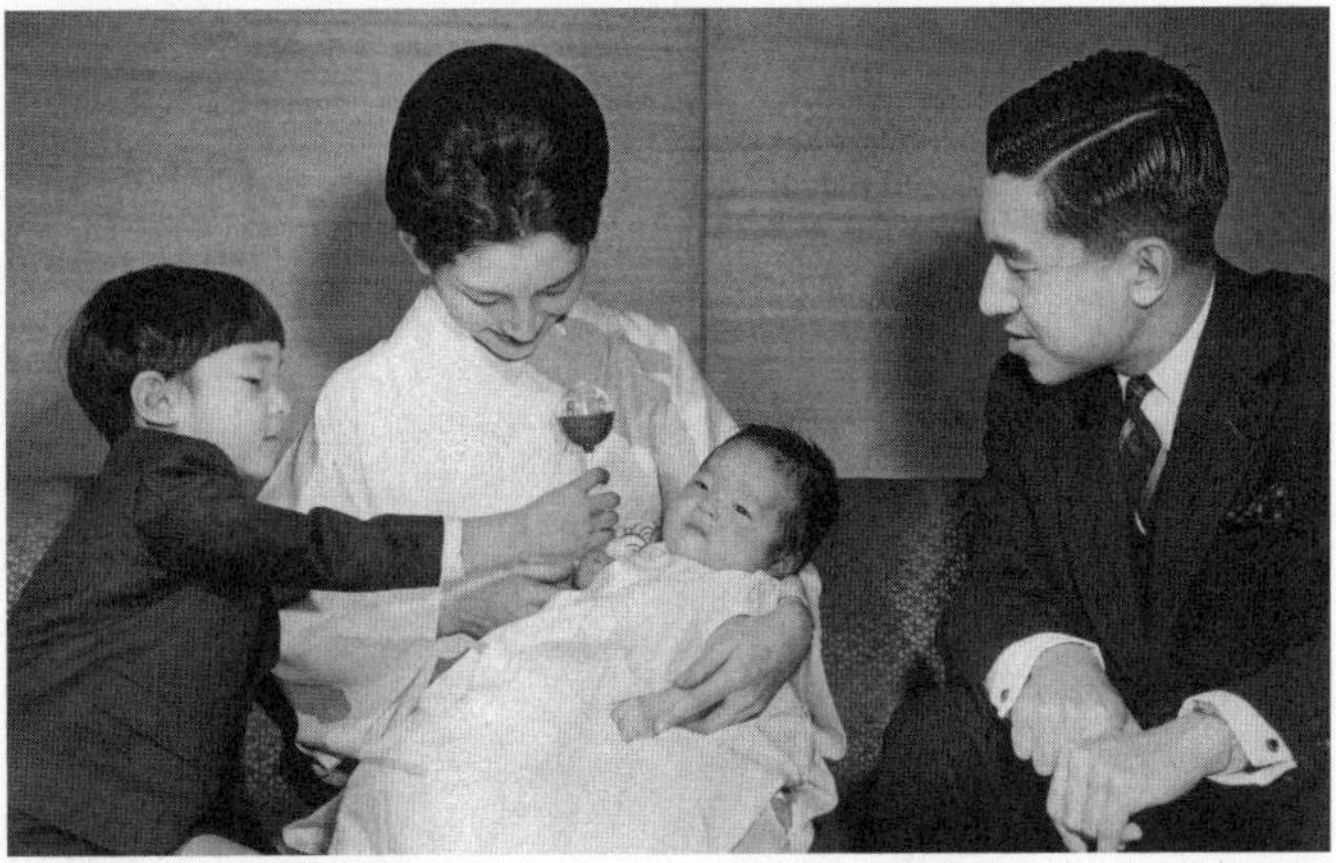
1966年、美智子(現・皇后)さまに抱かれた礼宮(現・秋篠宮)さまをあやす浩宮(現・皇太子)さま(共同通信社)

なお、皇室では家族間でもお互いに敬語を使うことになっている。もっとも、家庭内では親しみある呼び名が使われていた。

皇室でもお子様から「パパ」「ママ」と呼ばれていたこともあるようだ。幼児期の皇太子殿下は「ナルちゃん」、秋篠宮殿下は「あーや」、現在では結婚して皇籍を離れた黒田清子さんは「さーや」、と呼ばれていたことはよく知られている。ちなみに、今上天皇の幼児期まで、皇室では父親を「おもうさま」、母親を「おたあさま」と呼ぶ習慣があった。おもうさまとは昔の日本建築で中心となる建物の母屋《おもや》にいる人、おたあさまとは付属の建物である対屋《たいのや》にいる人の意味から転じたといわれる。

昭和天皇は皇太子時代の今上天皇のことを「東宮ちゃん」と呼んでいたが、これは皇太子のことを意味している。

MYSTERY 084

天皇も同窓会に出席する？ 皇族の私的な交友関係

皇族のプライベートな交友関係はどうなっているのだろうか？　今上天皇のご友人としては、台湾総督を務めた明石元二郎大将の孫にあたる明石元紹《もとつぐ》氏、共同通信社顧問を務めた橋本明氏などが知られている、いずれも学習院時代の同窓生だ。

学習院は明治時代に華族学校として設立され、大正天皇の少年期から、皇族も宮中で教育を受けるのではなく学習院に通うようになった。今上天皇は学習院高等科に在学当時、学友の橋本明氏らとともに、お忍びで銀座の喫茶店に入るという「銀ブラ事件」を体験されているが、すぐに周囲の人々に気づかれ、やむなく途中で帰ることになってしまったという。

だが、それから30年以上が過ぎた1980年代になると、皇族の交友関係もかなり自由度が高くなった。たとえば、学生時代の秋篠宮文仁親王はサークル活動で盛んに学友と外出されたり、葉山の御用邸に学友も招いて楽しく過ごされている。

今上天皇の少年時代は、戦争のためご学友たちと疎開先などで苦楽をともにされた。それだけに旧友の結びつきは強いようで、**今上天皇の成人後もたびたび学習院初等科の同窓会が開か**

1953年、同窓会に出席し山梨勝之進・元学習院院長(左から２人目)らと歓談される天皇陛下(当時、皇太子)(共同通信社)

れている。２０１６(平成28)年には、今上天皇は10年ぶりに同窓会に参加された。

また、今上天皇はハゼなどの魚類の研究をされているが、学習院の同窓生以外では、学界や文化的な活動の関係者にも皇族と私的に交友関係がある人間が少なくない。

あまり想像がつかないことだが、皇族もプライベートな用件で電話やメールを利用している。

女子学習院幼稚園から学習院高等科までの同窓だった明石元紹氏は、今上天皇が生前退位の意向を発表される以前、この問題について今上天皇から電話で相談を受けたと明かしている。

逆に、天皇と面識がある人物から皇居に直接電話がかかってくることもあるという。とはいえ、さすがに直通の回線ではなく、侍従に取り次いでもらう形になるようだ。

MYSTERY
085
皇族の海外留学先はなぜイギリスの大学が多いのか？

現代の皇室の役割のひとつには国際親善がある。このため、皇族の多くは海外を深く知るため留学しているが、その訪問先はイギリスであることが多い。

たとえば、皇太子殿下は１９８３（昭和58）年から3年間、イギリスのオックスフォード大学に留学し、当時の経験を綴った『テムズとともに　英国の二年間』を学習院総務部広報課から刊行されている。同じく、秋篠宮殿下も１９８８（昭和63）年からオックスフォード大学に留学された。１９６０年代には、今上天皇の従弟にあたる三笠宮家の寛仁親王もやはりオックスフォード大学に留学している。近年では、秋篠宮家の眞子内親王殿下が、２０１２（平成24）年から2年間、イギリスのエディンバラ大学に留学された。

このほか、**カナダのクイーンズ大学などが皇族の留学先に選ばれたこともあるが、やはりイギリスの大学が大部分を占めている。**

それでは、なぜイギリスが留学先になることが多いのだろうか？　皇族の留学先として重要なのは、**治安が良く、警備がしっかりとしていて、外国の王室の人間にも友好的なムードがあ**

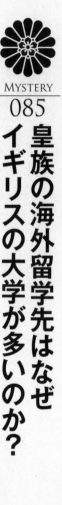

ることだ。以上の点で、イギリスは好条件が揃った国といえる。イギリス自体も歴史ある王室を持ち、多くのほかの国々の王族が訪れるため、警備担当者も対応に慣れている。さらに、王室の人間が普通に町を歩いていてもいちいち騒がないような国民性が定着しているため、日本の皇族が自然に生活するのにも適している。

加えて、**昭和の時代から日本の皇室はイギリス王室との縁が深い。**昭和天皇は皇太子時代の1921（大正10）年に初の外遊を行ったおり、当時のイギリス国王ジョージ5世から歓待を受け、イギリスを近代的な立憲君主国の手本として意識するようになった。

第二次世界大戦後、皇太子時代の今上天皇による初外遊も、1953（昭和28）年に行われたイギリスでのエリザベス2世の戴冠式への出席となっている。

多くの皇族は、留学先では自分で買い物に出かけたり、学友とスポーツに興じるなど、日本にいるときよりも普通の学生に近い生活を送っているようだ。2012（平成24）年の秋篠宮同妃両殿下夫妻の記者会見では、当時イギリスのエディンバラ大学に留学されていた眞子内親王殿下について、頻繁に連絡を取っているわけではないが、ときおり「簡単なメール」が届き、現地では学友が「誕生パーティのようなことをしてくれた」と語っている。

なお、留学先でも警護の担当者がつく場合があるが、日本国内の場合ほど厳重なものではない。皇太子殿下がオックスフォード大学に留学したおりには、ロンドン警視庁から常に2人の警官が交代で派遣され、外出にも同行したという。

MYSTERY
086
学界でも無視できない活躍ぶりを発揮 皇族が生物学を研究しているのはなぜ?

今上天皇は長年にわたって、ハゼの分類や皇居に住むタヌキの生態など、生物学の研究を続けられている。皇太子時代の1963(昭和38)年から現在まで、学会誌などに発表された論文は、共同執筆のものも含めて32編にもおよぶ。

先帝である昭和天皇も、青年期から海洋生物や植物の分類などの研究にいそしんだ。これは生物学が政治から中立的な分野であるためだといわれるが、**もともと近代のヨーロッパでは、動植物の分類を通じて自然界を把握する博物学が上流階級の教養だった。**

今上天皇は幼少期、昭和天皇と香淳皇后のもとを離れ、宮内省の東宮傅育官の手で育てられたが、皇太子時代には昭和天皇とともに御用邸での生物標本の採集などを行われた。生物学の研究は、父子が親しく接する数少ない機会でもあったようだ。

皇族の生物学研究は国際交流の機会にもなっている。今上天皇はベトナムのカントー川で採集されたハゼの標本を、ベトナムのハノイ大学動物学資料館に寄贈された。今上天皇はイギリスのロンドン・リンネ協会の名誉会員も務め、1998(平成10)年の訪英時には、科学の進

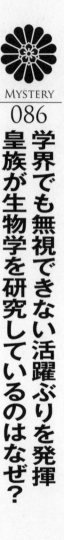

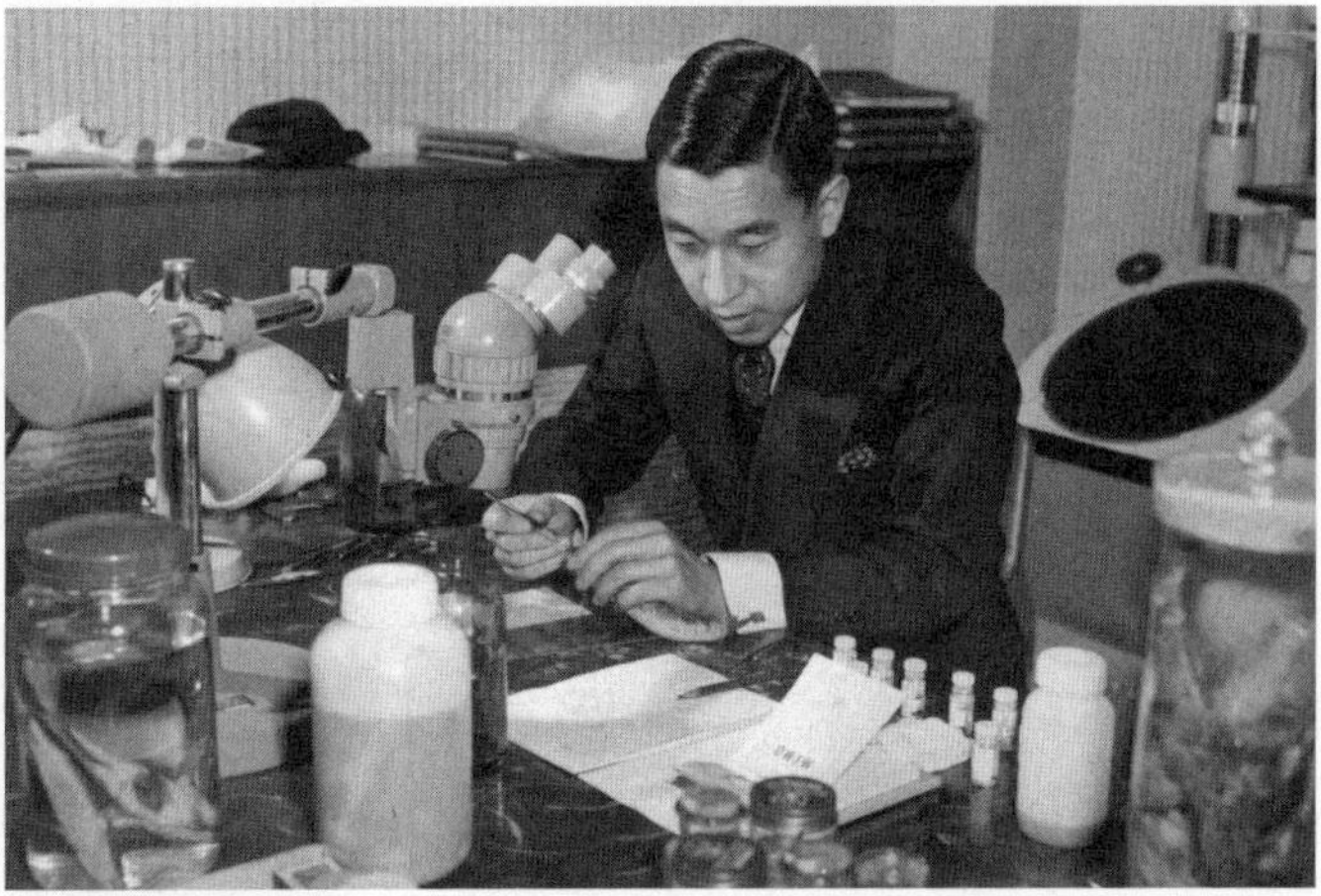
1965年、ハゼの研究をされる今上天皇（当時・皇太子）（共同通信社）

歩に貢献した国家元首に授与されるチャールズ二世メダルを贈られている。

秋篠宮殿下もナマズの研究で東南アジア各国をたびたび訪問され、タイの大学から名誉学位を贈られている。悠仁親王殿下も魚類や昆虫などの図鑑を愛読され、赤坂御用地で採取されたどんぐりの詳細な標本を作られるなど、動植物へのご関心が強いようだ。

ただし、**文系分野の学問を専攻する皇族もいる。**今上天皇の叔父にあたる三笠宮崇仁親王は古代オリエント史を研究し、多くの著作を刊行された。

研究の一環でトルコにあるカマン・カレホユック遺跡の調査にも参加され、日本・トルコ協会および中近東文化センターの名誉総裁を務めるなど、日本とトルコの友好関係にも寄与されている。

MYSTERY 087

いまや日本だけとなった伝統的な習慣「元号」はどのように決められている？

日本では飛鳥時代の645年に「大化」の元号が制定されて以降、1400年近くにわたって元号が使われている。**元号の制度は東洋の王朝特有のもので、中国大陸では紀元前2世紀の前漢時代からあるが、いまでは元号が存続しているのは日本だけだ。**

元号は大陸の王朝にならったものなので、『論語』『詩経』『書経』など、漢学の古典文献の一節からとられるのが通例で、漢字2文字のフレーズを抜き出したものが一般的だ。

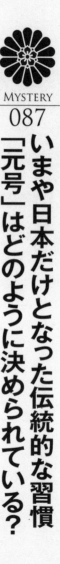

元号を考える人間は勘申者《かんじん》と呼ばれ、東洋の古典についての教養が豊かな人物が務める。平安時代以降は、官吏を養成する大学寮で漢学を教える文章博士や、大学寮が属する式部省の高官などが勘申者となることが通例となっていた。

改元を巡るルールは、明治維新までとそれ以降では大きく異なる。近世までは、皇室にめずらしい品物が献上された場合などの吉事や、逆に災害や戦乱のような凶事をきっかけに改元されることも多く、1年未満で改元された元号も少なくなかった。

近代以降は、1868（明治元）年の布告により、天皇が一代に用いる元号はひとつとする「一世一元の詔」が定められ、皇室典範にも元号の規定が記された。明治から大正、大正から昭和への改元のときは、複数の学者による候補案が出されたうえで、天皇の最高諮問機関である枢密院の会議によって新元号が決定されている。

しかし、戦後に皇室典範が改定されると元号についての規定はなくなり、元号は法的根拠のない慣習上のものとなった。このため、次第に元号の法的根拠を明文化するべきとの意見が高まる。1979（昭和54）年には元号法が制定され、元号は政令で定めること、元号は皇位の継承があった場合に限り改めることが定められている。

昭和から平成への改元のときは、当時の竹下登首相から、東洋史学者で東大名誉教授の山本達郎氏、国語学者で東大名誉教授の宇野精一氏などの有識者8名に元号の勘申が委託された。このとき、漢字2文字であること、良い意味を持つこと、書きやすく読みやすいこと、俗用されている熟語と重複しないことなどが留意事項としてあげられている。

有識者から提出された複数の元号案が閣僚会議にかけられ、最終的に「平成」に決定した。これは『史記』の「内平外成」、『書経』の「地平天成」という語句に由来する。勘申者は公式には明らかにされていないが、陽明学者で自民党のブレーンも務めた安岡《やすおか》正篤《まさひろ》の発案だったという説もある。なお、日本の元号で「成」の字が使用されたのは初めてだ。

おそらく、平成の次の元号も、民間の複数の有識者によっていくつかの候補案が出されたなかから勘申され、閣僚会議によって決定されると思われる。

MYSTERY

088

新天皇の即位にまつわる儀式は準備も含めて1年以上もかかる？

新しい天皇の即位に伴う儀式は非常に多いが、細部の手順は古代から時代とともに変化してきた。ここでは、今上天皇の場合を大まかに説明する。

まず、昭和天皇が崩御された1989（昭和64）年1月7日に、皇室の三種の神器のうちの草薙剣、八尺瓊勾玉、と、国の実印にあたる国璽《こくじ》および天皇の実印である御璽《ぎょじ》を受け継ぐ**「剣璽等承継の儀」**が行われた。続いて1月9日には、新帝として初めて行政・立法・司法の三権の長や国民の代表と会う**「即位後朝見《ちょうけん》の儀」**が開かれた。

続いて、「即位礼」の日取りが定められる。これは外国からも多数の賓客が呼ばれる大がかりなもので、準備にも時間がかかる。このため、今上天皇の即位礼は先帝の崩御から1年半以上を経た1990（平成2）年11月12日に行われた。

即位礼では新帝が高御座《たかみくら》に登って内外に即位を宣明する。天皇皇后両陛下は、伝統的な衣冠束帯と十二単でこの儀式を行う。使用される高御座は台座と屋根が付いた豪華な玉座で、高さ5・9メートル、幅6メートル、重さ8トンもあり、鳳凰《ほうおう》の装飾が施されている。

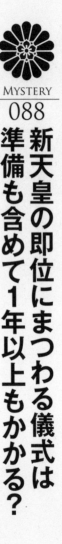

即位礼の参列者は2500人にもおよび、海外からは、イギリス、サウジラビア、タイ、ブータンなど各国の王族などのVIPが招かれている。即位礼の翌日には赤坂御苑で、外国からの参列者を歓待するための大規模な園遊会が開かれた。一連の儀式の警備のため投入された警察官は3万7000人、警備の特別予算は54億円におよんでいる。

続いて11月22日には、大《だい》嘗祭《じょうさい》が行われた。宮中では例年、その年に収穫された新穀を神々に供える新嘗祭が行われているが、大嘗祭は新帝が初めて行う新嘗祭だ。

もともと、皇室は五穀豊穣を祈る神官としての役割を担っていた、宗教学的に見れば、大嘗祭は天照大神以下、皇祖皇霊の力を受け継ぎ、霊的な意味で天皇となる儀式だと解釈することもできるだろう。

次代の新天皇即位も、おおむね、以上の流れを踏むであろうと考えられる。

ちなみに、**長い皇室の歴史では古代から江戸時代まで天皇の生前退位はめずらしくなかったが、その場合は「譲国《じょうこく》の儀」というものが行われていた。**

平安時代の習慣では、まず譲位の3日前、代替わりによる動乱を防ぐため、都へ至る伊勢国(現在の三重県)の鈴鹿関、美濃国(現在の岐阜県)の不破関、近江国(現在の滋賀県)の逢坂関の警備が固められた。そして、譲位発表の当日には、皇族や公卿の参列のもとで譲位の宣命が行われ、先帝が上皇の御所へと移る儀式が開かれた。今後、宮内庁によって現代版の新たな譲国の儀が策定される可能性もあるだろう。

MYSTERY 089

東京の都心に広がる皇居 その内部はどうなっているの？

東京都千代田区にある皇居は、かつての江戸城の敷地を引き継いだもので、戦前には宮城と呼ばれた。総面積は115万436平方メートルで、**東京ドームの25倍もある。**

天皇の住まいは皇居のどこにあるのか？　皇居西側の吹上御苑のなかにある御所だ。現在の御所は1993（平成5）年5月に完成した、ゆるやかな曲線を持つ屋根が特徴の2階建ての建物だ。なお、昭和天皇のお住まいだった吹上（大宮）御所は現在は使われなくなり、無人となっている。

同じ皇居西側地区には、晩餐会などが行われる宮殿、生物学御研究所、皇祖神（天照大神）や歴代天皇などを祀る宮中三殿（賢所、皇霊殿、神殿）、宮内庁の庁舎などがある。

皇居の東側にある東御苑は、江戸城の本丸、二の丸、三の丸の一部を庭園としたものだ。二の丸庭園の南にある三の丸尚蔵《しょうぞう》館《かん》は、宮内庁が管理する博物館で、狩野永徳の唐獅子図屏風《びょうぶ》、木阿弥切本古今和歌集、小野道風の屏風土代など、数多くの絵画、書、工芸品などを所蔵している。

■皇居全体図

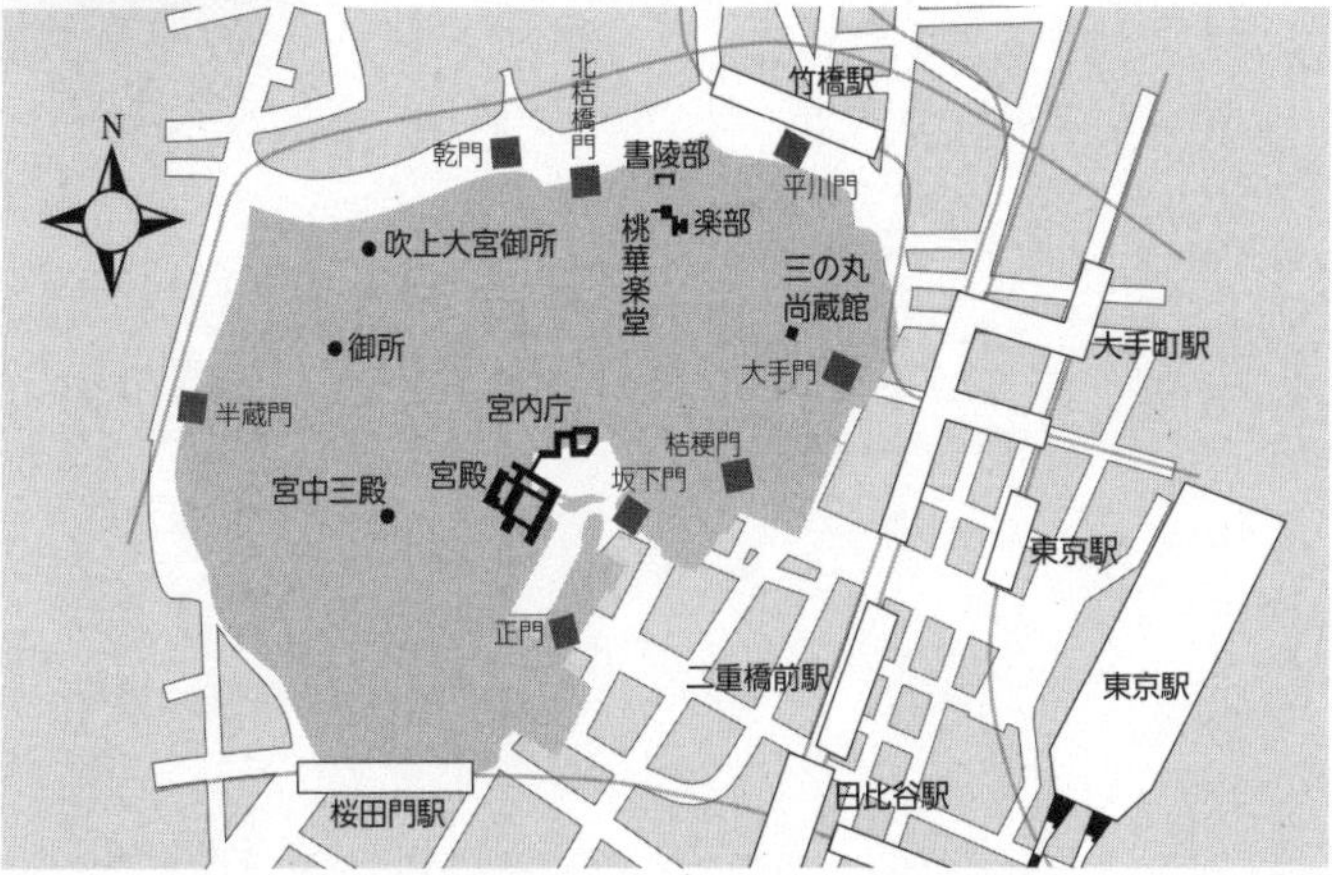

東御苑の北には、宮内庁管理の古文書や歴史資料を保管する書陵部《しょりょうぶ》がある。書陵部の少し南にある桃華楽堂《とうかがくどう》は、音楽の演奏などが行われるホールだ。

天皇が公務で外出するときや、国賓の参内《さんだい》には東南の正門が使用される。この正門と宮殿の間に架かっているのが、有名な二重橋（正門鉄橋）だ。このほか皇居には、坂下門、半蔵門、大手門、北桔橋《きたはねばし》門、乾《いぬい》門、平川門、桔《き》梗《きょう》門の7つの門がある。

ちなみに、皇居西北の千鳥ヶ淵《ちどりがふち》には千鳥ケ淵戦没者墓苑がある。これは海外で戦死した軍人や軍医や技師など軍属の民間人のうち、名前がわからず遺族に引き渡すことができなかった約36万柱の遺骨が納められている。

靖国神社とは異なり、宗教性はない施設だ。いわば「無名戦没者の墓」で、施設内には戦没者をしのんだ昭和天皇と今上天皇の御製和歌を刻んだ碑もある。

MYSTERY
090
晩餐会や数々のイベントに使われ天皇の執務室もある宮殿の内部

皇居の施設のなかでも、広く目に触れる場所といえるのが宮殿だろう。宮内庁では、**宮殿東庭から中門、宮内庁庁舎のある一帯の一般参観を受けつけているので、申込をすれば見学できる。**新年と天皇誕生日の一般参賀でも、宮殿東庭が参賀会場となる。

宮殿はかつて戦災で焼失したが、国民生活の復興を優先した昭和天皇の意向により、戦後16年を経てからやっと再建が着手され、1968（昭和43）年10月に完成した。現在の建物は鉄筋コンクリート製で、建物は7棟、地上2階、地下1階からなる。内装には日本各地から集められた杉、松、檜などの国産の木材、御影石、大理石などが使われている。

一般参賀のとき天皇ご一家が姿を見せる場所が東庭に面した長和殿だ。その地下は大駐車場となっている。

長和殿に接する南溜には、直径3メートルもの巨大シャンデリア2基が下がっている。なお、中門、松の塔、長和殿軒下にある灯籠は、国民からの寄付によって作られた。

宮中晩餐会や天皇誕生日の宴会の儀など、大規模なセレモニーに使用されるのが東側にある

■宮殿の図解

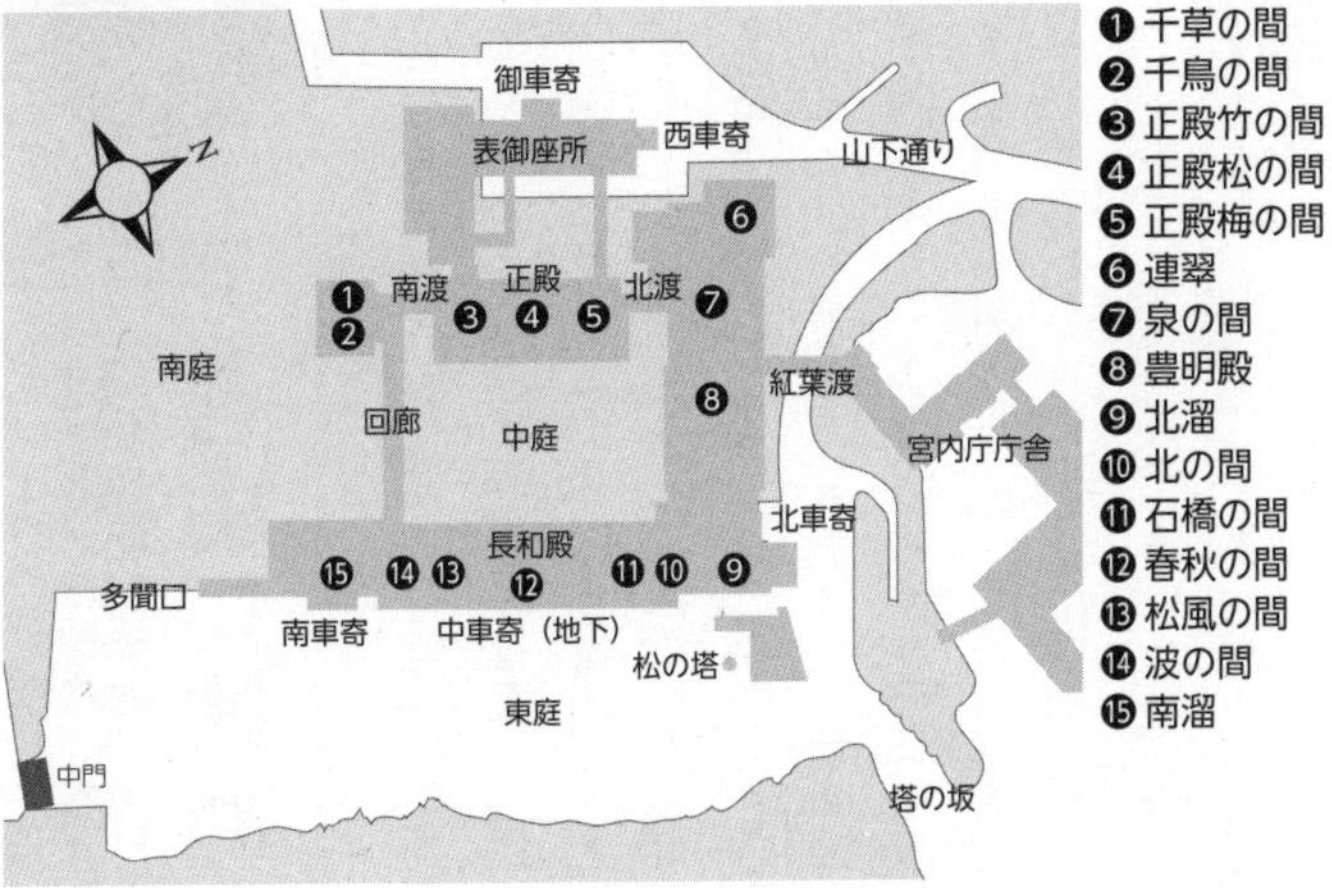

豊明殿《ほうめいでん》だ。広さは915平方メートルと、バスケットコート2面分以上に相当する。少人数での宴会のときは、豊明殿の北にある連翠《れんすい》が使用される。

宮殿の中央にある正殿には、竹の間、松の間、梅の間がある。

中央の松の間は内閣総理大臣や最高裁判所長官の親任式や勲章親授式、新年の歌会始の儀などに使われるので、ニュースで目にする機会も多いだろう。ここは宮殿で唯一の板張りだ。

その隣にある竹の間は天皇の会見や引見に、梅の間は皇后の会見や引見にそれぞれ使用される。

それでは、**天皇が公文書に目を通されたりする執務室は宮殿のどこにあるのだろうか？　それが正殿の奥にある表御座所《おもてござしょ》だ。**ここには侍従の控室も置かれている。

MYSTERY 091

御用邸での静養の日程は自由に決められない？

公務のため忙しい天皇皇后両陛下が皇居を離れてゆっくり静養を取るための場が、皇室の別荘となっている御用邸だ。**現在は葉山、那須、須崎の3ヵ所が使われている。**

葉山御用邸は神奈川県三浦郡葉山町にあり、1894（明治27）年に設置された。本邸は一度、1971（昭和46）年に放火のため焼失したが、その後に再建されている。昭和天皇は葉山滞在時にたびたび小型船の「葉山丸」で海洋生物の標本採集を行い、皇太子時代の今上天皇も標本のより分けを手伝われることがあったという。

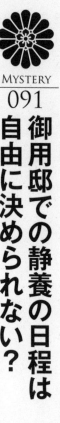

那須御用邸は栃木県那須郡那須町にあり、本邸は1926（大正15）年に建てられ、周囲には木々の豊かな森が広がる。平成になり、天皇在位20年を記念して敷地の約半分を宮内庁から環境省に移管され、日光国立公園「那須平成の森」として一般公開された。敷地内で西部の「ふれあいの森」と呼ばれる一帯は、誰でも自由に散策できる。

須崎御用邸は静岡県下田市須崎にあり、御用邸のなかではもっとも新しく、1971（昭和46）年に建てられた。もともとは三井家の別荘だったものを拡充している。気候は冬でも温暖

■全国の御用邸

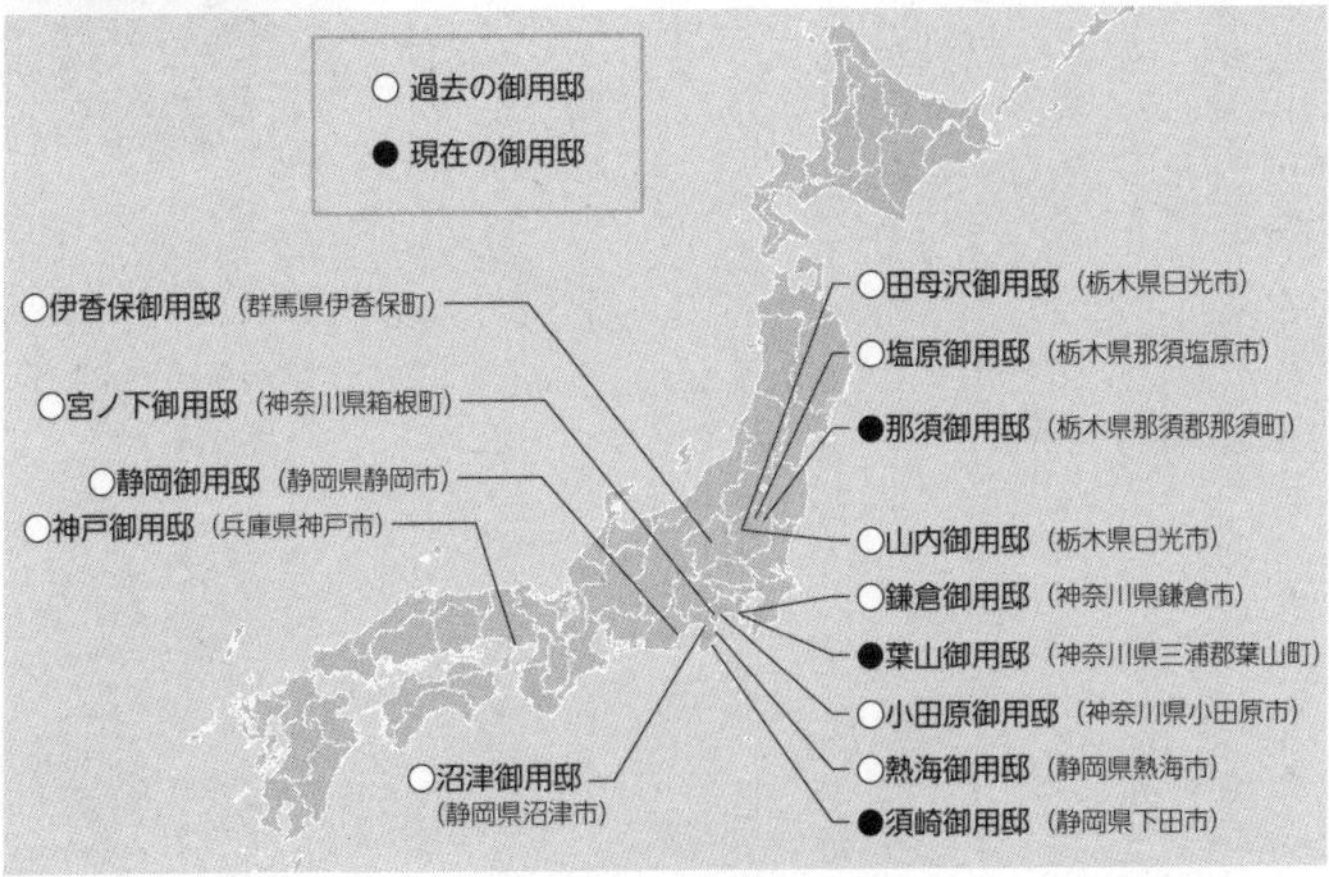

で、晴れた日には富士山や伊豆七島までを見ることができるという。

このほか、**群馬県の伊香保、神奈川県の宮ノ下、静岡県の沼津などにも複数の御用邸があったが、現在では廃止されて民間の観光地などに姿を変えている。**

天皇皇后両陛下は例年、冬期や初夏には葉山御用邸、夏には那須御用邸あるいは須崎御用邸で過ごされるが、日程は年によって大きく異なり、一定していない。

これはやはり、そのときどきの公務のほうが優先されるためだ。毎年、宮内庁の職員がどうにか日程を調整して、静養のスケジュールが立てられているようだ。

しかも、静養中でも火曜日と金曜日には内閣から書類が届くので、**御用邸には必ず、公文書に押す印である御璽を持っていくという。**

MYSTERY
092

皇室が主催する社交界の一大イベント「園遊会」にはどんな人が招かれるの？

皇室が主催するイベントのなかでも大規模なものが、例年、春と秋に東京都港区の赤坂御苑で開かれる園遊会だ。**その参加者は2000〜2500人にもおよぶ。**

この園遊会に招かれるのは、閣僚、国会議員、最高裁判所の長官や判事、外交官、知事や市長といった地方自治体の長など、立法、行政、司法の要人のほか、学術、スポーツ、芸術、社会事業などの功労者だ。なお、欧米の社交界でのパーティの多くと同じように、既婚者の場合は基本的に配偶者と夫妻揃っての参加となっている。

宮中では古来、春には桜、秋には菊を眺める宴会が開かれていた。明治期に入ると、欧米の社交界にならって外国の使節や各界のＶＩＰが集まる舞踏会やパーティが開かれるようになり、赤坂離宮では春の観桜会と秋の観菊会が定例となる。これは戦時中には中止されてしまったが、１９５３（昭和28）年から「園遊会」の名称で再開され、現在まで続けられている。

園遊会の参加者は、各省庁が推薦人を選んで宮内庁に提出する。政界や官界以外からの招待者の顔ぶれはじつに多彩だ。

2016年4月の園遊会。元サッカー女子日本代表の澤穂希さんの姿も（共同通信社）

たとえば、２０１６（平成28）年の春の園遊会では、女優の黒柳徹子さん、宇宙飛行士の油《ゆ》井亀美也《いきみや》氏、元サッカー選手の澤穂希《ほまれ》さん、ノーベル物理学賞を受賞した梶田隆章氏などが招かれた。ほかにも、園遊会に参加した著名人には、作家の瀬戸内寂聴さん、映画監督の宮﨑駿《はやお》氏、女優の藤原紀香《のりか》さんなどがいる。

天皇皇后両陛下にとって、園遊会は政界や官界、あるいは学術や文化などさまざまな分野で活躍する人々と直に接して世相や国民の雰囲気を知る機会にもなっている。

園遊会は皇室主催のフォーマルな場なのでドレスコードも厳しい。男性はモーニングコートか和服の紋付羽織袴および制服。女性はデイドレスか和服の白襟紋付きあるいは訪問着および制服と決まっており、必ずネームプレートを着用することが義務づけられている。

MYSTERY

093

意外にバランスよく質素なメニュー 宮中ではどんなものを食べている？

皇室の食事は、宮内庁の大膳課によって提供されている。２０１５（平成27）年には、昭和天皇の司厨長を務めた秋山徳蔵の伝記である『天皇の料理番』が佐藤健《たける》主演でテレビドラマ化（ＴＢＳ系）されたので、宮中の食生活に興味を持った人も少なくないだろう。

大膳課には約50人の職員が勤務し、5つの係に分かれている。第1係は和食、第2係は洋食、第3係は和菓子、第4係はパンと洋菓子、第5係は皇太子ご一家が生活する東宮御所の担当だ。大膳課では各分野ごとに一流の料理人が集められ、園遊会や宮中晩餐会のメニューも作っており、天皇皇后両陛下とともに葉山や那須などの御用邸にも同行する。ただし、それ以外の国内行幸啓では、現地のホテルなどで食事が提供される。

宮中の毎日の食事は、皇族の健康を考えてカロリーや塩分が丹念に考慮されているが、けっして豪華なものばかりを食べているわけではない。

たとえば、昭和天皇の朝食はトーストやオートミールが定番で、昼食と夕食は和食と洋食が日替わりで、中華料理、カレーやラーメンなども出され、御飯は米ではなく麦飯も提供された。

今上天皇も基本的には同様のメニューだ。どんな料理も残すことなく召し上がるが、とくに幼少期は豆腐料理を好まれ、成人後は中華料理をお好みになったといわれる。

食材は野菜の皮や魚の内臓なども余らさずに利用するのが大膳課の基本方針だ。サンマやイワシのような大衆魚も使われるが、衛生面の問題から刺身など生ものは少ない。

ときには大膳課の調理師だけでなく、皇后陛下や皇太子妃殿下がみずから料理されることもある。皇后陛下は多くの料理をこなされるが、ビーフストロガノフなどが得意だという。

ちなみに、昭和天皇の時代までは、天皇の食事と同じ物を侍医が食べる習慣があった。毒味のようなものだが、天皇の健康状態を把握する意図だったようだ。

宮中晩餐会では、高級食材を使った豪華な食事が作られる。一例をあげれば、2007（平成20）年に中国の胡錦涛《こきんとう》主席が来日したときのメニューは、ツバメの巣のコンソメスープ、シャンパンを用いたスズキの酒蒸し、羊のモモ肉のローストなどで、ドン・ペリニヨンのシャンパンと赤と白のワインが出された。晩餐会のメニューは基本的に洋食のフランス料理だが、賓客の健康状態や嗜好、宗教的な習慣も配慮して決められている。

春と秋に行われる園遊会のメニューも大膳課が腕を振るったものだが、その内容は例年同じだ。オードブル、サンドイッチ、ちまき鮨、海苔巻鮨、焼鳥、フルーツカクテル、洋菓子などが出る。とくに園遊会の名物として人気が高いのが、皇室専用の「御料牧場」で育った子羊の肉を使ったジンギスカン鍋で、よく行列ができるという。

MYSTERY
094
宮内庁の組織には皇族のため家畜を飼育する部署もある？

宮内庁は宮中の儀式や事務を担当するばかりでなく、**栃木県で「御料牧場」という農場を運営している。**ここでは、乳牛、豚、羊、鶏などが飼育され、トマトや大根など24種類の野菜も栽培されているのだ。この牧場から収穫された食材は、天皇皇后両陛下と皇太子ご一家の食事や宮中晩餐会などに供され、各宮家では御料牧場から食材を購入する形になる。

御料牧場は、明治時代に宮中で肉類や乳製品を使う洋食が導入されてから作られ、食用の家畜ばかりでなく、乗馬や馬車に使うための馬の飼育も行っている。最初は現在の千葉県成田市にあったが、新東京国際空港の建設に伴い、1969（昭和44）年からは栃木県の高根沢町から芳賀町にまたがる位置に移転している。広さは約252ヘクタールもあり、東京ドーム約54個分だ。敷地内には肉類や乳製品の加工場もあり、ハム、ソーセージ、ベーコン、バター、ヨーグルト、チーズなども作られている。

ここで飼育、栽培されている食材は、皇室のみならず宮中晩餐会などで海外からの賓客にも提供されるので、安全性には細心の注意が払われている。

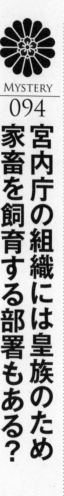

■御料牧場

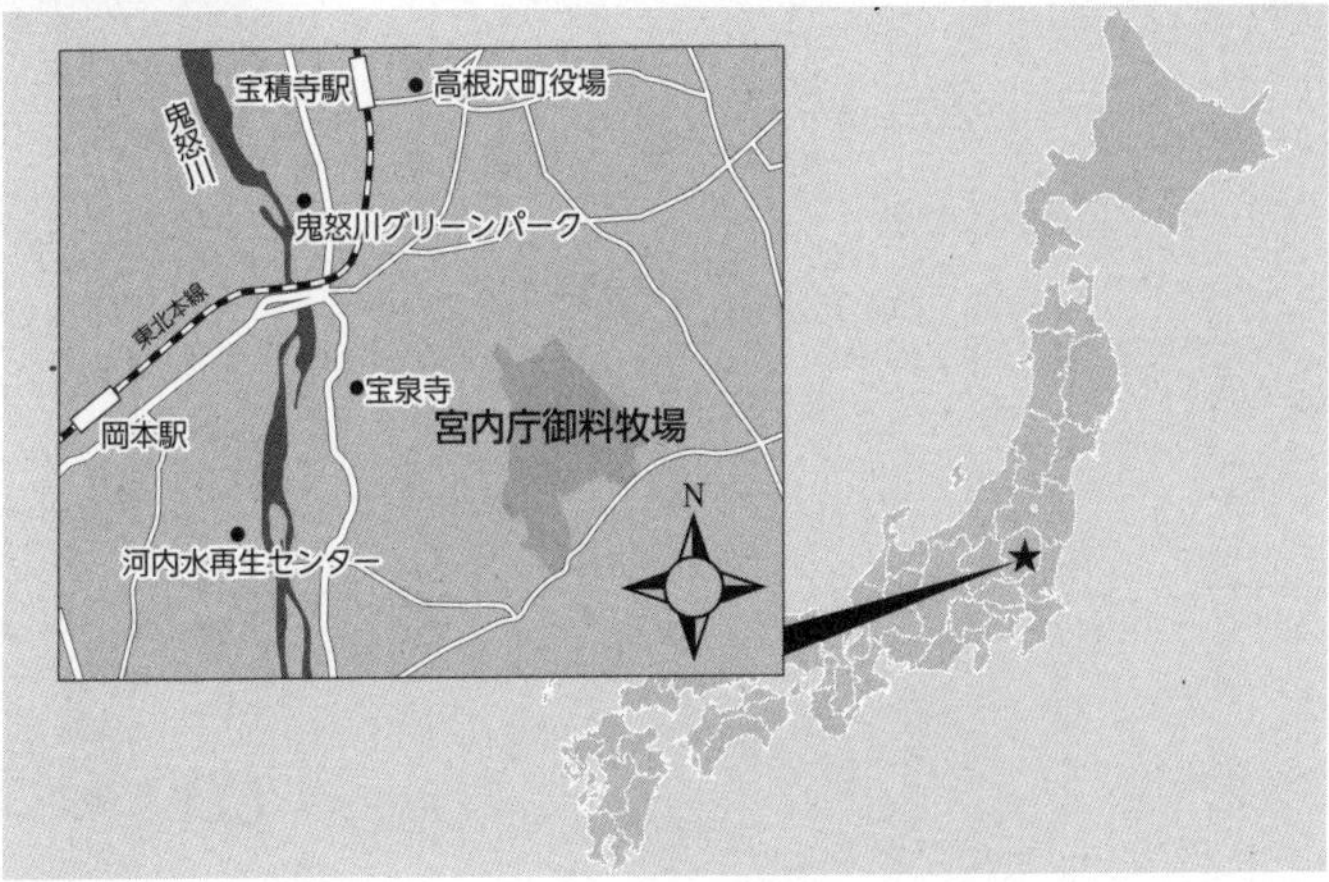

化学肥料や農薬の使用は最小限で、乳牛は清潔に保つため1日2回はシャワーを浴びているという。なお、口蹄疫や鳥インフルエンザなどの侵入を防ぐため一般人の立ち入りはできない。

それでは、肉類、鶏卵、野菜以外の食材はどうしているのだろうか？　米や魚などは皇室御用達の契約店から購入されている。ただし、皇室専用の業者というわけではなく、一般人も利用できる業者のなかで品質に信頼のおける水産会社や米屋だ。

また、皇室で使われる食材には各地方から皇室への献上品も少なくない。宮内庁で昭和の後期に大膳課の料理人だった谷部《やべ》金次郎によれば、秋になると献上品の松茸が食材として重宝され、那須の御用邸に昭和天皇が滞在しているときはよく鰻が届けられたという。

MYSTERY 095

皇族の健康に関わる宮内庁病院はじつは一般人でも利用できる?

日本人の平均寿命が延びて皇族も高齢化が進む状況下、その健康管理に深く関わっているのが宮内庁病院だ。これは宮内庁の管轄下にある国立病院で、皇居の大手門近くにある。皇族の診療をおもな目的としているが、宮内庁の職員も利用している。

現代でも皇室専属の医師は「侍医《じい》」と呼ばれ、宮内庁では天皇に仕える侍従職に侍医長、皇太子に仕える東宮職に東宮侍医長がいる。今上天皇は侍医から恒常的に診断を受け、年に1回ほどの間隔で人間ドックを受けられている。2016(平成28)年に生前退位の意向を表明されたのも、健康状態を充分に把握されたうえでのことだったろう。

じつは皇族には健康保険がないが、**皇族が宮内庁病院を利用する場合は治療費が発生しない。**ただし、皇族も重篤な病状のときなどは、より設備が充実したほかの病院を利用することがある。

今上天皇は2003(平成15)年1月に前立腺がんの手術を、2012(平成24)年2月に心臓バイパス手術を受けられたが、いずれも東大病院で行われた。このときは、皇后陛下もみ

皇居内にある宮内庁病院（共同通信社）

ずから看病のため東大病院を訪れられた。

宮内庁病院には産婦人科もあり、1960（昭和35）年に皇后陛下が皇太子殿下を出産されて以来、皇族の出産に使われている。ただし、ほかの病院が使われることもあり、秋篠宮家の悠仁親王殿下は、東京都港区にある愛育病院で誕生された。

愛育病院はもともと今上天皇が誕生されたとき、皇室からの下賜金によって創設され、現在では悠仁親王殿下の母である秋篠宮家の紀子妃殿下が「恩賜財団母子愛育会」の総裁を務められている。

宮内庁病院は一般病床が20と小規模なものだが、関係者の紹介があれば一般人も利用可能だ。

2011（平成23）年の東日本大震災のときには、天皇皇后両陛下の意向により、罹災者のため10病床が開放された。

MYSTERY

096

儀式の補佐から皇族の警護まで皇室を支える人々の仕事とは？

天皇と皇族の日常生活や、ご公務の数々、伝統行事の維持などは宮内庁の職員に支えられている。宮内庁は内閣府に置かれた機関だ。明治維新後に設立された宮内省を戦後に整理縮小したもので、現在は1000人ほどの職員が働いている。

宮内庁の組織は、大まかに言えば「オモテ」と「オク」に2分される。この用語は俗称だが、「オモテ」は文字通りどちらかと言えば外部と接することが多い部署だ。「オモテ」のなかでも、マスコミや民間団体への窓口となる総務課、公文書の管理や人事を行う秘書課、会計を担当する主計課などは長官官房に直属で、ほかの省庁にもあるような事務仕事を担当する。このほか、雅楽の演奏をはじめとする伝統行事に関わる式部職、古文書や陵墓など古くからの皇室財産を管理する書陵部などがある。

いっぽうの「オク」は、天皇皇后両陛下に仕える侍従職、皇太子ご一家に仕える東宮職、宮家皇族に仕える宮務課などだ。なかでも、侍従職は天皇の実印として公文書に押される御璽《ぎょじ》と、国の実印にあたる国璽《こくじ》の保管も担当している。

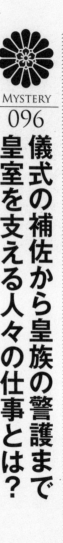

現在では、侍従長は宮内庁やほかの省庁で多くの業績を持つベテラン官僚が務めることが多い。しかし、かつては皇族と親しい人物が侍従長を務めた。たとえば、長らく昭和天皇に仕えた入江《いりえ》相政《すけまさ》侍従長は公家出身で、母親は大正天皇の実母である柳原愛子の姪だった。昭和天皇とは縁戚関係でもあっただけに、親しい間柄だったようだ。

なお、２０１５（平成27）年に刊行された『昭和天皇実録』は、書陵部の編修課が編纂している。編修課は、8世紀の奈良時代から『日本書紀』や『続日本紀』などの国史を編纂してきた宮仕えの役人の仕事を、現代に引き継いでいるともいえるだろう。

このほか宮内庁の組織には、宮内庁病院や、御用邸や御料牧場を管轄する管理部、奈良にある正倉院事務所、京都御所などを管理する京都事務所などがある。

さらに、宮内庁には属していないが皇室に欠かせない存在が、警備や護衛を担当する皇宮警察だ。この組織は意外に古く、戦前の陸軍には皇室の警護を目的に設立された近衛師団があったが、これとは別に１８８６（明治19）年に皇宮警察署が設立されている。

戦前まで皇宮警察は宮内省に属していたが、現在では国家公安委員会の管轄下にあり、その本部長は警察庁の警視監が務める。職員は海上保安官や、厚生労働省の麻薬取締官などと同じく**「特別司法警察職員」という身分で、「警察官」ではなく「皇宮護衛官」と呼ばれる。**定員は９００人ほどで、一般の警察官とは異なり、皇宮警察学校で養成される。宮内庁の職員と同じく、皇居だけでなく京都御所や御用邸なども勤務地だ。

MYSTERY 097

特別製のゴージャスな車両? 天皇が乗る「お召し列車」の秘密

天皇皇后両陛下が地方への行幸啓で利用される鉄道車両は、「お召し列車」と通称される。とくに両陛下が乗られる車両は御料車と呼ばれ、車体には菊の紋章がつけられる。

御料車の運行については細心の注意が払われ、発車時や停車時の振動を最小に抑える、ほかの車両と並走したり追い抜かれてはならないといった細かいルールがある。

車両は平成時代の半ばまで1960(昭和35)年に作られたものが使用されており、内装は金箔をはりめぐらした桃山時代調の華やかなものだったという。2007(平成19)年には日立製作所のE655系をベースとした新しい車両が登場し、こちらは落ち着いた木目調の内装で絹張りのソファが使われ、防弾ガラスを備えているという。

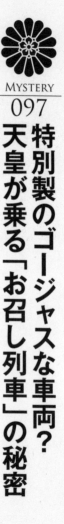

ただし、**今上天皇ご自身の意向もあり、専用の御料車ではなく新幹線のグリーン車や、JR西日本の「サロンカーなにわ」などが使用されたこともある。**

東京にあるJR山手線の原宿駅には、「皇室専用ホーム」があることで知られる。このホームは埼京線から分岐して池袋寄りの位置にあり、普段は金網に覆われて閉鎖され、一般人は立

お召し列車として使用されたE655系「なごみ」

ち入りできない。もっとも、近年は使用されることが少なくなっている。

なお、**鉄道車両だけでなく皇室専用の自動車も御料車と呼ばれる。**

こちらは1967（昭和42）年から平成時代の半ばまで、長らく日産のプリンスロイヤルが使用された。

2006（平成18）年には、新たに8人乗りの大型車であるトヨタのセンチュリーロイヤルが4台導入された。

これは国賓の歓迎、国会の開会式への出席などに使用される。ただし、地方への行幸啓など通常の公務には普通のセンチュリーが使われている。

なお、公用車とは別に今上天皇は1991（平成3）年製のホンダ・インテグラも個人で所有し、皇居内でみずから運転されている。

MYSTERY
098
誰でも天皇を間近で見られる？皇居の勤労奉仕ボランティア

通常であればそうそう立ち入れない皇居内で、**一般の人々でも天皇皇后両陛下と間近に接することができる機会が、皇居の、除草、清掃、庭園作業などの勤労奉仕だ。**

皇居での勤労奉仕は、終戦直後の1945（昭和20）年12月、宮城県栗原郡の青年有志が、空襲によって罹災した宮殿の手入れと清掃を申し出たことから始まった。

現在は宮内庁で勤労奉仕への参加を受けつけているが、**広い場所での集団作業なので残念ながら個人での応募はできない。**参加資格は、15歳以上75歳以下で、15名以上60名以下のボランティア団体に属し、自分の健康に責任を持てることだ。

参加団体は、各地の町内会、戦没者の遺族会、日本赤十字の支部などさまざま、学校単位での参加もある。1989（平成元）年から20年間の参加団体数は、年間200～300ほどで、人数は6000～1万2000人ほどとなっている。興味のある人は、過去に勤労奉仕に参加した団体を調べて問い合わせてみるという方法もあるだろう。

ただし、受入れ人数や団体数が多い場合は抽選となる。また、過去の活動実績のないのに勤労奉仕に参加するためだけに一時的に構成された団体は断られる場合がある。

作業は平日の4日間連続で行われ、皇居での作業が2日、皇太子ご一家などの住居がある赤坂御用地での作業が2日となっている。作業着はジャンパーや割烹着などで統一することが通例だ。当然ながら、ボランティアであるから交通費や食費も自前だ。

勤労奉仕の参加者は、皇居では吹上御苑のなかにある宮中三殿、生物学御研究所、御所などのめずらしい場所に立ち入る場合もある。ご都合が合えば、**天皇皇后両陛下、皇太子同妃両殿下から直接にお声をかけられる機会もあり、これは「ご会釈」といわれる。**さらに、参加者には宮内庁から紋章入りのお菓子や写真集などの記念品が下賜される。

じつは、**勤労奉仕のほかにも、普段は閉ざされた皇居の一角に足を踏み入れられるイベントがある。それが2007（平成19）年から行われている吹上御苑の自然観察会だ。**

皇居西側の吹上御苑には、かつて戦前に昭和天皇が愛用していたゴルフコースもあったが、自然を愛する昭和天皇の意向によって、武蔵野の森から持ち込まれた木々が広がっていった。現在では、高さ30メートルを超える巨大なヒマラヤスギやイチョウが生い茂るなか、アライグマやタヌキなどの、多くの動物、野鳥、昆虫などが棲んでいる。

自然観察会は昭和天皇の誕生日だった4月末の「昭和の日」前後で2日。1日に3回実施される。参加者は抽選で決められるが、1日につき約100人と狭き門だ。1回30人ほどのグループに分かれ、2時間ほどをかけて御苑の森をゆっくりと歩くことになる。

MYSTERY 099

宮内庁御用達はキャッチコピー？皇室に品物を届ける納入と献上

老舗和菓子店や呉服店などで「宮内庁御用達」と書かれているのを見たことがある人もいるだろう。宮内庁と取引があり、皇族が利用している品を扱う店ということだ。

皇室が使っているならきっと良いものだというイメージがある。実際、皇室のファッションや召し上がるものなどは常に注目されている。愛子内親王殿下が誕生されたときには、同じブランドのベビー服やベビーカー、読まれている絵本などが急激に売り上げを伸ばした。皇室との取引があるというだけで信頼性はアップする。宮内庁御用達を謳うということは、商品に絶対の自信があるというお店側のプライドでもあるのだろう。

ただ、**「宮内庁御用達」という言葉は、制度としては存在しない**。戦前に置かれていた宮内省は、皇室に納める品物は厳しく審査し、認めた業者や企業だけに「宮内省御用達」と名乗る許可を与えた。しかし、戦後に宮内省は宮内府を経て宮内庁となり、１９５４（昭和29）年には御用達制度も廃止された。現在も宮内庁御用達を掲げているのは、戦前から皇室に品物を納めていた業者が続けて使用しているか、さもなければ勝手に名乗っているかのどちらかだ。

御用達といっても、業者側から見れば顧客のひとつにすぎない。宮内庁に物品を「納入」しているというだけで、その範囲は食べ物から調味料、服や家具や日用雑貨、海外ブランドまで幅広い。我々が日常買い物しているのと変わらない単なる売買契約だが、一度でも宮内庁に物品を納入すれば、その日から御用達を名乗る業者もいるかもしれない。

宮内庁では御用達の業者を公表しないが、名乗ることを禁止してもいない。品質を示すものでもないので、景品表示法上は偽装や不当表示にもならないという。つまり勝手に名乗っても、罪に問うことはできないのだ。ただ、宮内庁御用達を名乗ってイメージアップをはかっても、品物が粗悪であれば消費者は離れるもの。発覚したら炎上することは間違いなく、本当の御用達でなければ、**名乗るには責任の重すぎるキャッチコピーといえる。**

いっぽう、皇室に無償で品物を提供する「献上」というものもある。地方自治体では、その年の品評会で優勝した野菜や果物を皇室に献上することがある。地方を訪れて産業や文化などを見学されたさいに、地元の名産品が献上されることも少なくない。この場合、品物の代金は自治体や業者が負担し、皇室には無償提供ということになる。また、新嘗祭に利用される米と粟も、毎年全国の都道府県から1ヵ所が選ばれるが、これらも献上品となる。

もちろん、誰でも献上できるわけではない。かつては、勝手に品物を皇族に送りつけて、宮内省御用達を名乗る悪質業者もいたといい、現在は安全性や品質などが厳しく審査される。個人が「プレゼントです」と皇居に持っていっても、受け取ってはもらえないのだ。

MYSTERY 100

一般参賀には、どうすれば参加できるのか？

一般の国民が天皇と対面できる機会は、幸運にも行幸に出会うようなことがない限り、皇居で行われる一般参賀のときだけだ。皇居の長和殿のベランダに皇室ご一家が立たれ、参賀者に手を振られる一般参賀は、新年を祝って1月2日に行われる新年一般参賀と、12月23日の天皇誕生日に行われる天皇誕生日一般参賀の年2回ある。新年の参賀が元日でないのは、その日は皇室内の行事で忙しいためだ。

初めて一般参賀が行われたのは、1948（昭和23）年のことで、このとき昭和天皇は宮内庁庁舎屋上から参賀をご覧になった。参賀者の前に初めてお出ましになったのは1951（昭和26）年で、この時はまだ宮殿はなく、昭和天皇と香淳皇后は宮内庁庁舎中央玄関上のバルコニーから手を振られた。その後、皇太子なども参加するようになった。

そんな一般参賀には、基本的には国民の誰でも参加することができる。ここでは、より多くの人が集まる、新年一般参賀について詳しく紹介しよう。まず、10万人前後も集まることもあり、大変混雑するので、転倒の恐れがあるハイヒールや下駄ばき、大きな荷物を持っての入場

2017年1月2日の新年一般参賀で、訪れた人たちに手を振られる天皇、皇后両陛下と皇族方（共同通信社）

は避けたほうがいい。また、動物づれの人は入場できない（身体障害者補助犬を除く）。

参加希望者は、午前9時半から午後2時10分までに皇居正門（二重橋）から入って、宮殿東庭の参賀会場へと向かう。

２０１７年の新年一般参賀は、午前10時10分ごろ開始の第一回から午後2時20分ごろ開始の第五回まで、約1時間置きに計五回行われた。複数回参賀のチャンスがあるのは参加する国民にとって嬉しいことだが、**逆に言えば、その都度、天皇をはじめ皇室の人々はベランダに出て、手を振らなければならないので、かなり負担の大きい仕事とも言える。**

新年一般参賀では、参加者は参賀会場で天皇と対面したあとは、坂下門、桔梗門、乾門から退場となる。ちなみに、**皇居に駐車場の用意はない**ので、行くなら電車を使おう。

天皇家と日本は、常に古くて新しい

天皇家の先祖とされる天照大神を祀った伊勢神宮では、古代から20年に一度、殿舎を完全に建て替える「式年遷宮」が繰り返されてきた。すなわち、伊勢神宮は「常に古くて新しい」といえる。これは天皇家と日本の国自体にもいえることではないだろうか。

本書で見てきた通り、天皇家は長い歴史と伝統を持ちつつ、時代とともに変化してきた。むしろ、天皇家がみずから大胆な変革の前例を示し、積極的に変化を受け入れることによって長く続いてきた側面があるといえるかもしれない。

たとえば、日本は第二次世界大戦の敗戦後、戦勝国であるアメリカのさまざまな制度を導入したが、終戦直後の１９４６（昭和21）年8月に昭和天皇はこのように語った。

「朝鮮半島に於ける敗戦の後、国内体制整備の為、天智天皇は大化の改新を断行され、その際思い切った唐制の採用があった。これを範として今後大いに努力してもらいたし。」

（『昭和天皇発言録　大正9年~昭和64年の真実』（小学館）Ｐ１３９）

ここでいう朝鮮半島での敗戦とは、６６３年に日本が百済王朝の復興を支援するため朝鮮半島に派兵したが、唐と新羅の連合軍に敗れた「白村江の戦い」のことである。その後、天智天皇は当時の先進国であった唐の律令制を積極的に取り入れた。

また、昭和天皇は１９７７（昭和52）年8月の記者会見ではこう語っている。

「民主主義を採用したのは、明治大帝の思召しである。しかも神に誓われた。そうして、『五箇条の御誓文』を発して、それがもととなって明治憲法ができたんで、民主主義というものは決して輸入のものではないということを示す必要が大いにあったと思います。」

（『昭和天皇発言録　大正9年〜昭和64年の真実』（小学館）Ｐ２４１）

これは、１８６８（明治元）年に明治天皇が宣布した『五箇条の御誓文』の筆頭に、「広く会議を興し、万機公論に決すべし」という一節が掲げられていたことを踏まえている。

つまり、長い日本の歴史では外国の政治や経済の制度を取り入れることも、民主主義も、天皇家が率先して行い、それによって日本という国は進化してきたともいえる。天皇家では今後も、時代の変化とともに新しい伝統が生まれてゆくはずだろう。

21世紀の現在、男系皇位継承者の減少などから、天皇家の存続を危ぶむ声も存在する。しかしながら、先に述べてきたように、天皇家は時代とともに変化してもやはり天皇家であり、それを受け入れてきたのが日本人なのではないだろうか。

■皇位継承略系図（〇は北朝）

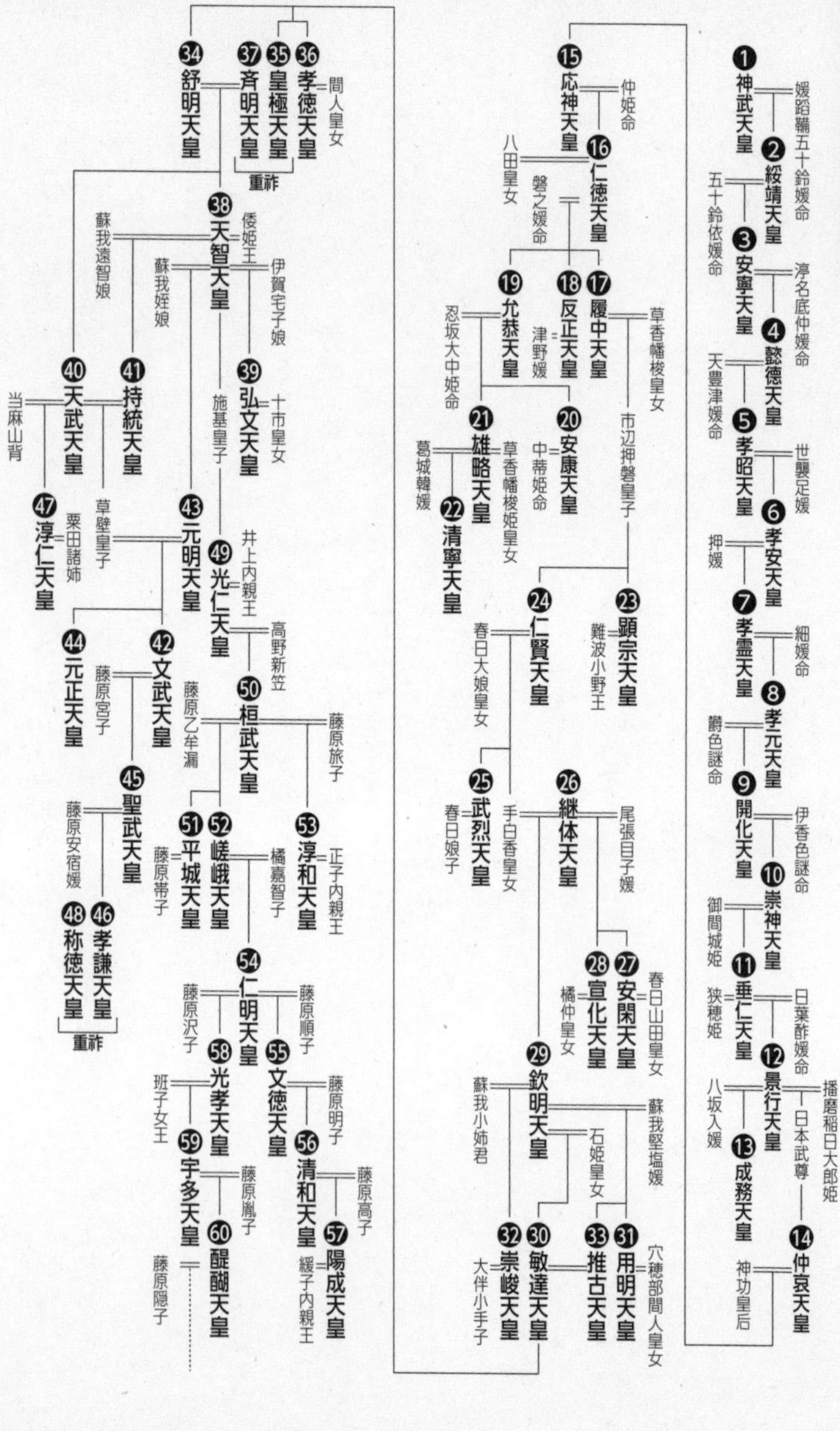

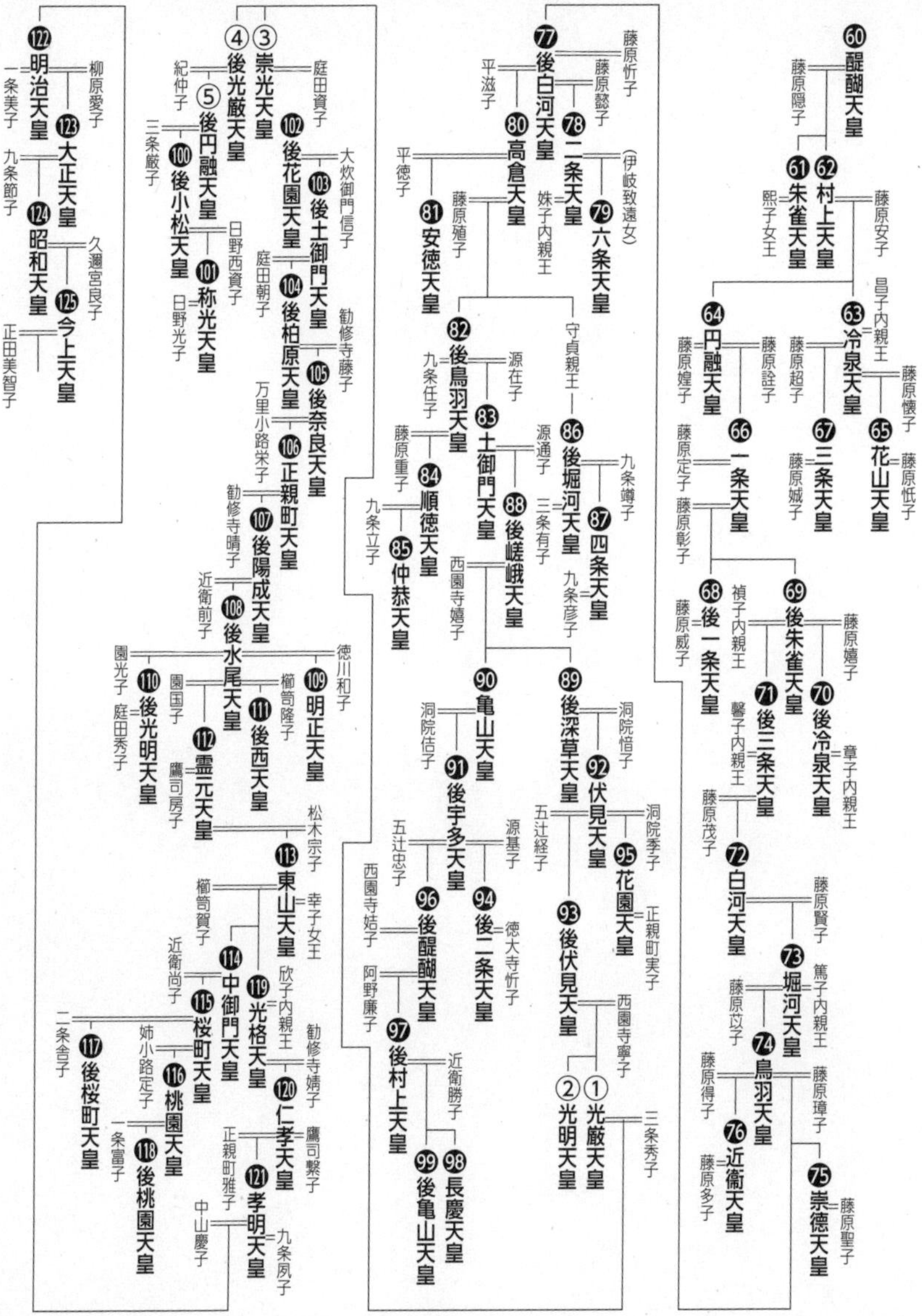
60 醍醐天皇
藤原隠子
61 朱雀天皇
熙子女王
62 村上天皇
藤原安子
63 冷泉天皇
昌子内親王
藤原超子
藤原懐子
64 円融天皇
藤原詮子
藤原媓子
65 花山天皇
藤原忯子
66 一条天皇
藤原定子
藤原彰子
67 三条天皇
藤原娍子
68 後一条天皇
藤原威子
69 後朱雀天皇
禎子内親王
藤原嬉子
70 後冷泉天皇
章子内親王
71 後三条天皇
馨子内親王
藤原茂子
72 白河天皇
藤原賢子
73 堀河天皇
篤子内親王
藤原苡子
74 鳥羽天皇
藤原得子
藤原璋子
75 崇徳天皇
藤原聖子
76 近衛天皇
藤原多子
77 後白河天皇
藤原忻子
藤原懿子
平滋子
78 二条天皇
(伊岐致遠女)
姝子内親王
79 六条天皇
80 高倉天皇
平徳子
藤原殖子
81 安徳天皇
守貞親王
82 後鳥羽天皇
源在子
九条任子
83 土御門天皇
源通子
藤原重子
84 順徳天皇
九条立子
85 仲恭天皇
86 後堀河天皇
九条竴子
三条有子
87 四条天皇
九条彦子
88 後嵯峨天皇
西園寺嬉子
89 後深草天皇
洞院愔子
90 亀山天皇
洞院佶子
91 後宇多天皇
源基子
五辻忠子
92 伏見天皇
五辻経子
洞院季子
93 後伏見天皇
西園寺寧子
94 後二条天皇
徳大寺忻子
95 花園天皇
正親町実子
96 後醍醐天皇
西園寺姞子
阿野廉子
97 後村上天皇
近衛勝子
98 長慶天皇
99 後亀山天皇
①光厳天皇
三条秀子
②光明天皇
③崇光天皇
庭田資子
④後光厳天皇
紀仲子
⑤後円融天皇
三条厳子
100 後小松天皇
日野西資子
101 称光天皇
日野光子
102 後花園天皇
大炊御門信子
103 後土御門天皇
庭田朝子
104 後柏原天皇
勧修寺藤子
105 後奈良天皇
万里小路栄子
106 正親町天皇
勧修寺晴子
107 後陽成天皇
近衛前子
108 後水尾天皇
徳川和子
園光子
櫛笥隆子
園国子
109 明正天皇
110 後光明天皇
庭田秀子
111 後西天皇
112 霊元天皇
鷹司房子
松木宗子
113 東山天皇
幸子女王
櫛笥賀子
114 中御門天皇
近衛尚子
115 桜町天皇
二条舎子
姉小路定子
116 桃園天皇
一条富子
117 後桜町天皇
118 後桃園天皇
119 光格天皇
欣子内親王
勧修寺婧子
120 仁孝天皇
鷹司繋子
正親町雅子
121 孝明天皇
中山慶子
九条夙子
122 明治天皇
柳原愛子
一条美子
123 大正天皇
九条節子
124 昭和天皇
久邇宮良子
125 今上天皇
正田美智子

■主な参考文献

『皇室事典』角川学芸出版
『天皇はなぜ生物学を研究するのか』丁宗鐵・著　講談社α新書
『日本人なら知っておきたい皇室』松崎敏弥・著　河出書房新社
『雑学３分間ビジュアル図解シリーズ　日本の皇室』久能靖・著　PHP 研究所
『天皇の「まつりごと」 象徴としての祭祀と公務』所功・著　生活人新書
『図解　まとめてわかる！　日本の仏教と神道入門』綜合図書
『古事記』岩波書店
『日本書紀（上)』中央公論社
『改訂版　日本史Ｂ　用語集』山川出版社
『「日本の神様」がよくわかる本』戸部民夫・著　PHP 研究所
『知識ゼロからの神道入門』武光誠・著　幻冬社
『天皇家 99 の謎』歴史の謎研究会・編　彩図社
『「古事記」75 の神社と神様の物語』由良弥生・著　三笠書房
『戦国武将　この「すごい眼力」に学べ』小和田哲男著　三笠書房
『三種の神器』稲田智宏・著　学習パブリッシング
『伊勢神宮の謎』稲田智宏・著　学習研究社
『幕末志士の履歴書』クリエイティブ・スイート・著　宝島社
『戦国武将の履歴書』クリエイティブ・スイート・著　宝島社
『超ビジュアルで学ぶ！　歴史人物ベスト３００』小和田哲男・監　宝島社
『完全版 歴代天皇ファイル』不二龍彦・著　学研プラス

■監修者紹介

不二龍彦（ふじ たつひこ）

作家・宗教研究家。東洋の宗教・思想・占術などをテーマに、幅広いメディアで活躍。皇室関連の歴史や儀礼、神道・古神道などに関する論考も多い。

山下晋司（やました しんじ）

皇室ジャーナリスト、元宮内庁職員。宮内記者会など報道機関対応をする報道室などに勤務。退職後、タイムリーダージャパン㈱を設立。『皇室手帖』編集長などを務める。1956年生。

■編著者紹介

グループＳＫＩＴ（ぐるーぷ　すきっと）

各社の文庫・新書など多数に参加経験を持つ執筆陣が結集したプロ・ライター集団。また、フリーランスのエディター、デザイナー、イラストレーターなどをつなぐコア・ユニットとして、書籍の企画・執筆・制作に携わる。主な編著書に『日本人を震撼させた 未解決事件71』『これは使える！「○○（マルマル）の単位」事典』『そこが知りたかった！「右翼」と「左翼」の謎』『元号でたどる日本史』（以上、PHP文庫）、『「仏」と「鬼」の謎を楽しむ本』『「神主さん」と「お坊さん」の秘密を楽しむ本』『危ない火山がこんなにいっぱい「大噴火の恐怖」がよくわかる本』、『「神主さん」と「お坊さん」の秘密を楽しむ本』（以上、PHP研究所）、『中国vs朝鮮半島　憎悪と対立の歴史』（宝島社）などがある。

日本史ミステリー　天皇家の謎100
（にほんしみすてりー　てんのうけのなぞひゃく）

2017年4月28日　第1刷発行
2020年8月20日　第3刷発行

監　修　　不二龍彦　山下晋司
編著者　　グループSKIT
発行人　　蓮見清一
発行所　　株式会社宝島社
〒102-8388　東京都千代田区一番町25番地
電話：営業03（3234）4621／編集03（3239）0926
https://tkj.jp
印刷・製本　図書印刷株式会社

ISBN978-4-8002-6885-3